Reinhard Körner

Jesus bleibt Kleinbauer

Bibliographische Information der Deutschen Nationalbibliothek
Die Deutsche Nationalbibliothek verzeichnet diese Publikation in der Deutschen Nationalbibliographie. Detaillierte bibliographische Daten sind im Internet über http://dnb.d-nb.de abrufbar.

CO_2-neutral produziert

2. Auflage 2012

Lektorat: Richard Reschika
Umschlaggestaltung: Thomas Uhlig, www.coverdesign.net
Umschlagmotiv: Hans Reinhard, DJV-Bildarchiv
Druck und Bindung: Benedict Press, Vier-Türme GmbH
ISBN 978-3-89680-478-5

www.vier-tuerme-verlag.de

Reinhard Körner

Aller guten Dinge sind drei
Jesus bleibt Kleinbauer

Vier-Türme-Verlag

Also, packen wir's an! Jesus für Kleinbauern – der dritte Teil. Hat doch der Verlagsleiter höchstpersönlich angefragt, ob den beiden ersten Büchern nicht noch ein drittes folgen könnte! Immer mehr Menschen, sagt er, merken inzwischen, dass sie Jesus viel besser verstehen, wenn sie ihn in der Sprache der Kleinbauern reden hören. Dorfleute wie Städter. Und seine Mitbrüder, die Benediktiner in Münsterschwarzach, auch. Was uns natürlich nicht wundert. Denn Jesus ist nun einmal Kleinbauer gewesen auf Erden, und zu Kleinbauern vor allem hat er gesprochen, damals in Galiläa. Seine Sprache war ihre Sprache, und ihre Sprache war seine Sprache. Sie waren die Ersten gewesen, die seine Gleichnisgeschichten weitererzählten und all das, was er gesagt und was er getan hat. Wie sollten es dann nicht auch heute die Kleinbauern sein, die seine Worte so weitersagen können, wie er sie gemeint hat: als Frohbotschaft, als Freude bringende Nachricht in die Dörfer und in die Städte, in die Pfarrhäuser und in die Klöster hinein – für jeden Menschen verständlich. Auf Großbauern hört doch heute keiner mehr!

Deshalb: Wir Kleinbauern müssen noch einmal ran! Wir Kleinbauern vom Lande zusammen mit allen, die im Herzen zu Kleinbauern wurden – egal, ob sie Städter, Dorfleute oder Benediktinermönche sind. Ein weiteres Jesus-für-Kleinbauern-Buch muss her! Aller guten Dinge sind drei.

Übrigens, und damit sind wir gleich beim Thema dieses dritten Teils: Auch der auferstandene Jesus spricht am liebsten in seiner Kleinbauernmuttersprache zu uns. Das hat schon ein Städter – ein Städter! – vor über eintausendneunhundert Jahren gemerkt. Einer aus Ephesus oder aus Alexandria, vielleicht auch aus einer Stadt in Syrien, wir wissen es nicht genau. Das Gespräch jedenfalls, das der damals in seinem Herzen mit dem auferstandenen Jesus hatte –

ein sehr wichtiges Gespräch

selbstverständlich –, steht sogar in der Bibel. Im Johannesevangelium. Streng genommen müsste man sagen: Mit viel Glück und gerade nochmal so ist es da hineingekommen. Denn als der besagte Mann – oder war es eine Frau? (auch das wissen wir nicht genau) –, als der also erzählte, was er mit dem auferstandenen Jesus erlebt hatte, war das Johannesevangelium eigentlich schon fertig gewesen. Wahrscheinlich ein paar Jahre zuvor, um das Jahr 100, vielleicht auch schon Stück für Stück ein bisschen früher, war es geschrieben worden. Aber – und das war das Glück – von Leuten aus seiner eigenen Christengemeinde. Vom »johanneischen Kreis«, wie die Bibelexperten sagen. Aus diesem Kreis lebten noch einige, und die hatten gerade vor, an ihr Evangelium noch ein paar Zeilen dranzuhängen. Als sie nun hörten, was ihr Gemeindemitglied da erzählte, fanden sie das so kostbar, dass sie es gleich mit in ihren Nachtrag hineingenommen haben. So ungefähr, denke ich, muss es gewesen sein.

Die Stelle jedenfalls, die ich meine, steht im 21. Kapitel, im »Nachtrag zum Evangelium«, wie es in der EINHEITSÜBERSETZUNG der Bibel heißt. Sie lautet dort so:

Jesus sagte zu Simon Petrus: Simon, Sohn des Johannes, liebst du mich mehr als diese?
Er antwortete ihm: Ja, Herr, du weißt, dass ich dich liebe.
Jesus sagte zu ihm: Weide meine Lämmer!

Zum zweiten Mal fragte er ihn: Simon, Sohn des Johannes, liebst du mich?
Er antwortete ihm: Ja, Herr, du weißt, dass ich dich liebe.
Jesus sagte zu ihm: Weide meine Schafe!

Zum dritten Mal fragte er ihn: Simon, Sohn des Johannes, liebst du mich?
Da wurde Petrus traurig, weil Jesus ihn zum dritten Mal gefragt hatte: Hast du mich lieb?
Er gab ihm zur Antwort: Herr, du weißt alles; du weißt, dass ich dich liebhabe.
Jesus sagte zu ihm: Weide meine Schafe!

Von Lämmern und Schafen und vom Weiden der Lämmer und Schafe spricht der auferstandene Jesus hier. Kleinbauernsprache, eindeutig! Auch einem Städter traut er also zu, dass er sie versteht – und nicht etwa denkt, er solle aufs Dorf ziehen und Schafzüchter werden ...

Doch wie – der Städter war Petrus? Nein, der Fischer vom See Gennesaret war kein Stadtmensch, auch dann nicht, als er in Jerusalem in der Urgemeinde lebte und Menschen fischte. Dass hier sein Name steht, sogar sein richtiger Name *Simon* – denn »Petrus« war ja der Spitzname, den Jesus ihm gegeben hatte –, das hat einen besonderen Grund:

Die Leute aus dem johanneischen Kreis haben nämlich statt Amandus oder wie ihr Gemeindemitglied geheißen haben mag – wie gesagt: vielleicht auch Amanda – ganz bewusst *Simon* hingeschrieben. Sie gaben das Gespräch absichtlich so wieder, als hätte es zwischen Jesus und Petrus stattgefunden. Nicht nur, weil sie sich gut vorstellen konnten, dass Jesus nach seiner Auferstehung auch mit Petrus so geredet haben könnte. Nicht nur deshalb. Sie hatten noch einen zweiten Grund. Sie wollten dadurch den Frauen und Männern in ihrer Stadtchristengemeinde sagen: Seht mal, so wie mit Petrus, dem Rang-Ersten unter uns Christen, so redet der auferstandene Jesus mit uns allen; so hat er jetzt mit unserem Freund Amandus geredet, und so redet er auch mit euch!

Ich bin sicher: Das haben sie verstanden. Denn, ganz ehrlich: Wenn ich diese Bibelstelle lese oder höre, denke ich auch immer sofort: Ich bin gemeint. Statt *Simon, Sohn des Johannes* brauche ich nur »Reinhard, der Junge von Körners Erwin« einzusetzen, und schon sehe ich Jesus vor mir stehen und weiß: Jetzt sagt er dieselben Worte zu mir.

Genauso ist es den Leuten damals gegangen. Ja, die kamen da noch viel schneller drauf als ich! Denn obwohl hier von Jesus und Petrus die Rede war und das Gespräch dann viele Jahrzehnte zurückgelegen hätte, hatte es ihr Schriftstellerkreis nicht in der Vergangenheitsform wiedergegeben, sondern in der Gegenwartsform. Jesus *sagt*, Petrus *sagt* und so weiter heißt es original im griechischen Text – nicht »sagte«, wie die Übersetzer uns weismachen wollen! Da kann ich die evangelischen Pfarrer und Bischöfinnen verstehen, wenn sie in ihren Gottesdiensten lieber die LUTHERBIBEL statt der ökumenischen EINHEITSÜBERSETZUNG benutzen; bei Martin Luther *spricht* Jesus nämlich zu Petrus, nicht »sprach« Jesus zu Petrus. Und wenn das Gespräch also in der Gegenwart stattfindet, dann weiß doch jeder – jedenfalls wenn er Kleinbauernohren hat –, dass er selbst auch mitgemeint ist.

Schade ist es ja, dass Fridolin Stier für diese ökumenische Bibelausgabe nur beim Alten Testament mitgearbeitet hat, nicht beim Neuen Testament. Wir kennen ihn aus den beiden ersten Jesus-für-Kleinbauern-Büchern: ein katholischer Bibelwissenschaftler, der vom Dorf stammt. Seine Übersetzung lautet nämlich so:

Sagt Jesus zu Simon Petrus: Simon, Sohn des Johannes, liebst du mich mehr als diese?

Sagt er zu ihm: Ja, Herr! Du weißt, dass ich dir Freund bin.

Sagt er zu ihm: Hüte meine Lämmer!

Abermals sagt er zu ihm, das zweite Mal: Simon, Sohn des Johannes, liebst du mich?

Sagt er zu ihm: Ja, Herr! Du weißt, dass ich dir Freund bin.

Sagt er zu ihm: Weide meine Schafe!

Sagt er zu ihm das dritte Mal: Simon, Sohn des Johannes, bist du mir Freund?

Betrübt ward Petrus, dass er zum dritten Mal zu ihm gesprochen hatte: Bist du mir Freund?

Da sagt er zu ihm: Herr, alles weißt du. Du erkennst doch, dass ich dir Freund bin.

Sagt Jesus zu ihm: Hüte meine Schafe!

Hier merkt man sofort, dass dieser Übersetzer von der Grammatik des Herzens was versteht – und eben auch vom Leben auf dem Dorf, wie wir gleich noch sehen werden. *Sagt* schreibt auch er, nicht »sagte«; das Gespräch mit Jesus findet also jetzt statt. Jetzt! Auch für Katholiken.

Und vor allem: Auf die Frage von Jesus: *Liebst du mich?* antwortet bei ihm Amandus alias Petrus nicht: »Du weißt, dass ich dich liebe«, sondern: *Du weißt, dass ich dir Freund bin.* Auch das entspricht dem griechischen Original. Ein Städter, der ein Kleinbauernherz hat, antwortet doch auf eine solche Frage, wie Jesus sie ihm hier stellt, nicht schnell einfach mal so »Ich liebe dich«! So voll nimmt der den Mund nicht, schon gar nicht, wenn er vor Jesus steht, der doch weiß, wie armselig es in seinem Herzen aussieht mit der Liebe. Und Petrus, der hatte sowieso allen Grund, sich viel demütiger auszudrücken ... Klar, Jesus geht aufs Ganze. Immer. Und deshalb hakt er auch noch einmal nach: *Simon, Sohn des Johannes, liebst du mich?* Aber dabei muss er schon schmunzeln, denn er weiß ja genau, dass er wieder dieselbe Antwort bekommen wird. Dennoch: Weil ihm Ehrlichkeit lieber ist als große halbherzige Worte, geht er darauf ein und fragt: Reinhard, *bist du mir Freund?*

Sollte ich da nicht betrübt sein, genauso wie Petrus? Jedenfalls *traurig*, wie es in der EINHEITSÜBERSETZUNG heißt? (Zur Erinnerung: Worte aus der Bibel, ganz gleich von welchen Übersetzern, schreibe ich immer in *Schrägschrift*.)

Na freilich liebe ich ihn! Ihm ein *Freund* sein, ja, das zumindest, das will ich doch! Aber wenn er so fragt ..., noch einmal so fragt: »Reinhard, liebst du mich?« ..., mich zum dritten Mal fragt ..., und mich dabei anschaut, als hätte er nur mich ... – wie sollten mir da nicht alle meine Sünden einfallen! Und alles, was ich ihm schuldig geblieben bin! Als Freund habe ich mich ihm gegenüber wirklich nicht immer benommen ... Und das sollte mich nicht *traurig* machen? Obwohl er schmunzelt und ja längst alles weiß ...

Da ist es schon tröstlich, dass im Bibeltext nicht von Amandus die Rede ist, sondern eben von *Simon Petrus.* Von dem wissen wir nämlich, was wir von Amandus oder Amanda nicht wissen: Woran er gedacht haben wird, als er *betrübt ward*! Dreimal – drei Mal! – hatte er Jesus ängstlich *verleugnet.* Das steht im selben Johannesevangelium, im 18. Kapitel, und in den anderen drei Evangelien steht es auch. *Verleugnet*! Klar, dass ihm das sofort wieder eingefallen ist!

Und den Spitznamen Petrus hatte ihm Jesus ja auch nicht ohne Grund gegeben. Genauer gesagt, Jesus hatte den Simon »kefa« genannt, denn beide sprachen Aramäisch; »pétros« – eigentlich »pétra« – ist davon die griechische Übersetzung, woraus im Lateinischen »Petrus« wurde. In keiner dieser drei Sprachen war das damals ein Name, sondern es ist eben ein Spitzname. Das Originalwort aus der aramäischen Muttersprache Jesu, also »kefa«, bedeutet so viel wie »harter Stein«, »Steinbrocken« oder »Felsstück«. Ein kefa ist bei den Bauern in Galiläa zum Beispiel ein Felsbrocken, der auf dem Acker liegt, ähnlich wie bei uns ein großer Feldstein, und wenn die jemanden einen »kefa« nannten, dann war das ungefähr so, wie wenn wir zu jemandem »Betonkopf« sagen. Dass Jesus den Simon wirklich »kefa« genannt hatte, das steht – in griechischer Schreibweise als *kephas* – im Johannesevangelium, gleich im 1. Kapitel, und achtmal in den Briefen von Paulus, und in griechischer Übersetzung als *pétros* noch weitere 157-mal in den Schriften des Neuen Testaments. Ein »Fels«, wie die deutschen Bibelübersetzungen den Spitznamen wiedergeben – also ein Felsen oder Felsmassiv –, ja, das ist der Simon dann geworden! Wie nämlich aus jedem »Betonkopf« ein »Felsen« werden kann, wenn er zulässt, dass Jesus liebevoll schmunzelnd Klartext mit ihm redet. Paulus, der den Petrus persönlich kannte und mindestens einmal miterleben musste, dass er seinen Spitznamen nicht zu Unrecht trägt – bei einem sehr ärgerlichen Zwischenfall in Antiochien –, zählt den Kephas neben Jakobus und Johannes ganz zu Recht zu den *Säulen* der Jerusalemer Urgemeinde; siehe Galaterbrief, 2. Kapitel.

Oder nehmen wir das schöne Wort aus dem Matthäusevangelium, im 16. Kapitel: *Du bist Petrus (pétros), und auf diesen Felsen (pétra) werde ich meine Kirche bauen.* Was Jesus da zu Simon sagte, damals auf Aramäisch natürlich, müsste eigentlich folgendermaßen übersetzt werden: *... und auf diesen Felsbrocken werde ich meine Kirche bauen.* Dennoch haben die Übersetzer recht, wenn sie schreiben: ... *auf diesen Felsen werde ich meine Kirche bauen*, denn ein *Felsen*, auf den Jesus *bauen* konnte, ist ja der Kephas dann wirklich geworden. Und was für einer! Jedenfalls war Petrus Kleinbauer genug, um zu wissen, dass ihm Jesus diesen Spitznamen nicht ohne Grund gegeben hatte. Und mindestens jetzt, da er von ihm nach der Liebe gefragt wird, ist ihm dieser Grund – auch dieser Grund – ganz bestimmt wieder eingefallen! Kein Wunder, dass er ausweicht und herumstottert und schließlich *betrübt ward*, dass Jesus *zum dritten Mal zu ihm gesprochen hatte: Bist du mir Freund?* Wirklich, es ist so tröstlich, dass Jesus dieses wichtige Gespräch hier im Johannesevangelium mit *Simon Petrus* führt. Tröstlich auch für mich ... Ich kann nur leise antworten, sehr leise, sodass nur er ganz allein es hört: Jesus, *alles weißt du. Du erkennst doch, dass ich dir Freund bin* ... Ich lasse hier mal ein paar Zeilen Stille, damit jeder Leser selbst ausprobieren kann (und jede Kleinbäuerin natürlich auch), wie das ist, wenn ihm (und ihr) der auferstandene Jesus mit einer so persönlichen Frage kommt ...

Drei Mal, gleich dreimal nacheinander, stellt der auferstandene Jesus seine wichtige Frage. Ob auch er denkt: Aller guten Dinge sind drei ...? Jedenfalls verbindet Jesus mit seiner dreimaligen Frage ein nicht weniger wichtiges Anliegen. Und genau das bringt er – typisch für Jesus und eben typisch auch für den auferstandenen Jesus! – in der Sprache der Leute vom Lande vor: Seine *Lämmer* und seine *Schafe* soll der Simon Petrus *weiden* ... Aber bevor wir ihm auch in diesem Anliegen zuhören, noch einmal zurück zu Amandus:

Dass der Städter aus der Johannes-Gemeinde Amandus hieß, habe ich mir natürlich ausgedacht. Amandus und Amanda sind lateinische Namen, sie bedeuten

der Liebenswürdige, die Liebenswürdige

und waren unter den frühen Christen, selbst im griechischen Sprachraum, nicht selten. Eltern, die ihren Töchtern und Söhnen diesen Namen mit ins Leben gaben, müssen ihre Kinder sehr lieb gehabt haben. Und vor allem müssen sie gewusst haben: Wen Jesus anschaut, den findet er immer liebenswürdig – egal, wie gesund, wie sportlich, wie fleißig oder wie fromm ihr Sohn oder ihre Tochter einmal sein würde. So liebenswürdig wie den Städter aus der Gemeinde, in der das Johannesevangelium entstand. Deshalb habe ich dem Amandus den Namen Amandus – der Liebenswürdige – gegeben.

Wie gesagt, wen Jesus anschaut, den findet er liebenswürdig. Aber das wissen heute viele Christen nicht. Und je mehr ich darüber nachgedacht habe, warum das so ist, desto mehr ist mir auch der Grund klar geworden. Einer der vielen Gründe zumindest. Weil sie nämlich denken, dass Jesus nicht lacht. Sie denken, dass er auf Erden nicht gelacht hat, und sie können sich auch nicht vorstellen, dass er jetzt, als Auferstandener, lacht und schmunzelt.

Wenn mir jemand sagt: »Reinhard, du bist ein liebenswürdiger Mensch!«, mich dabei aber mit ganz strengem Gesicht anschaut, dann glaub ich ihm das doch nicht! Kein Tier – kein Hund, kein Schaf, kein Pferd und kein Esel – glaubt seinem Menschen, dass es liebenswürdig ist, wenn der es nicht anlacht! Lämmer schon gar nicht! Das weiß fast jeder Städter, jeder Kleinbauer sowieso.

Und genauso glauben viele Menschen Jesus nicht, dass sie für ihn – und selbstverständlich auch für seinen Abba – ein Amandus oder eine Amanda sind. Weil sie nämlich Jesus auf den frommen Bildern immer nur ernst dreinschauen sehen. Sogar richtig bedrohlich sieht Jesus manchmal auf solchen Bildern aus. Wir sind ja schon im ersten Jesus-für-Kleinbauern-Buch darauf zu sprechen gekommen und kennen das Problem. Dabei gibt es, wie wir wissen, in der Bibel so viele Stellen, die vom schmunzelnden, lachenden, ja Witze machenden Jesus erzählen! Aber um das zu merken, darf man die

Texte nicht nur lesen; man muss sich hineinversetzen in Jesus und in die Leute, mit denen er da redet. Ausdrücklich hingeschrieben haben die Evangelienschreiber freilich nicht: »Jesus lachte« – das müssen die Leser oder Hörer schon selber merken!

Nehmen wir ein Beispiel. Wieder aus dem Johannesevangelium. Da heißt es im 1. Kapitel, gleich nach der Stelle, an der Jesus dem Simon den Spitznamen Kephas verpasste:

Am Tag darauf wollte Jesus nach Galiläa aufbrechen; da traf er Philippus. Und Jesus sagte zu ihm: Folge mir nach!

Philippus war aus Betsaida, dem Heimatort des Andreas und Petrus. Philippus traf Natanaël und sagte zu ihm: Wir haben den gefunden, über den Mose im Gesetz und auch die Propheten geschrieben haben: Jesus aus Nazaret, den Sohn Josefs.

Da sagte Natanaël zu ihm: Aus Nazaret? Kann von dort etwas Gutes kommen?

Philippus antwortete: Komm und sieh!

*Jesus sah Natanaël auf sich zukommen und sagte über ihn: Da kommt ein echter Israelit, ein Mann ohne Falschheit (*ZÜRCHER BIBEL*: … an dem kein Falsch ist).*

Natanaël fragte ihn: Woher kennst du mich?

Jesus antwortete ihm: Schon bevor dich Philippus rief, habe ich dich unter dem Feigenbaum gesehen.

Natanaël antwortete ihm: Rabbi, du bist der Sohn Gottes, du bist der König von Israel!

Da kommt ein echter Israelit – das hat Jesus doch nicht mit todernster Miene gesagt! Ja, das hat er nicht einmal ernst gemeint! Denn dann wäre dieser Ausspruch gar nicht wahr. Einen »echten Israeliten«, den gab es doch damals ebenso nicht wie es heute einen »echten Christen« nicht gibt, einen ohne jeden Falsch. Ich will mich ja nicht mit Natanaël vergleichen, aber einmal angenommen, Jesus würde mich – mich, Reinhard – *auf sich zukommen* sehen und zu mir sagen: »Da kommt ein echter Karmelit, ein Mann ohne Fehl und Falsch!« – meine Mitbrüder, die mich seit dreißig Jahren kennen, würden sich ja krummlachen!

Nein, wer hier lacht, ist Jesus! Mit liebevollem Humor schaut er zu Natanaël hin, zu diesem jungen Mann *aus Kana in Galiläa*, den er gerade ziemlich hochnäsig sagen hört: *Aus Nazaret? Kann von dort etwas Gutes kommen?* (Dass Natanaël aus Kana stammt, also einem Dörfchen ganz in der Nähe von Nazaret, das steht erst am Schluss des Johannesevangeliums, im Kapitel 21.) Und selbstverständlich weiß dieser Natanaël, wie das mit dem »echten Israeliten ohne Falsch« gemeint ist! Hätte er sonst ganz verlegen gefragt: *Woher kennst du mich?*

Und dann die Antwort: *Schon bevor dich Philippus rief, habe ich dich unter dem Feigenbaum gesehen.* Was haben sich die Bibelausleger über die Bedeutung dieses Satzes den Kopf zerbrochen! Über Jahrhunderte hin. Ergebnislos. Weil sie eben nicht bemerkt haben, wie Jesus den Natanaël anlacht dabei! Die Feigenbäume, müssen wir wissen, waren damals im Heiligen Land für die Leute in den Dörfern beliebte Treffpunkte. Unter ihren dichten grünen Baumkronen saßen hier abends nach der Feldarbeit die Männer zusammen, und am Sabbat diskutierten in ihrem kühlen Schatten manche über die Tora, denn eine Synagoge hatten sie damals noch nicht in jedem Dorf. Und vor allem: Unterm Feigenbaum vor dem Haus legten die Frauen tagsüber ihre Kleinkinder ab, wo die Kleinen dann schlafen, krabbeln und spielen konnten. »Dich habe ich schon unterm Feigenbaum gesehen!«, das hieß daher so viel wie: »Dich kenne ich schon, da bist du noch mit der Trommel um den Christbaum gelaufen!« – womit ja auch wir nicht sagen wollen, dass wir den Betreffenden wirklich schon als Zwei- oder Dreijährigen unterm Weihnachtsbaum gesehen haben, sondern – scherzhaft – dass wir ihn ziemlich gut kennen und uns keine Illusionen über ihn machen ...

Seit ich das weiß, lasse ich mir tatsächlich öfter mal, vor allem wenn ich was verbockt habe, von Jesus sagen: »Da kommt ein echter Karmelit ...!« – und dann kann ich wieder über mich lachen, mit Jesus zusammen ...

So, aber nun zu den Lämmern und Schafen! Dabei geht es um ein Anliegen, das uns ja grundsätzlich vertraut ist. Immer wieder, schon als er auf Erden lebte, hatte Jesus die Sorge für die Menschen mit der Sorge eines Hirten für seine Schafe verglichen. Aber hier, im Gespräch mit dem Amandus Petrus, tut er das als der auferstandene Jesus! Es war ihm also nicht nur damals in Galiläa ein Anliegen, es ist ihm auch heute ein großes Anliegen. Ein Kleinbauer bleibt eben Kleinbauer, auch im Himmel, und Jesus sowieso. Außerdem komme ich an dieser Stelle zu einem Punkt, der mich schon lange ärgert. Und was einen ärgert, das soll man ja mal aussprechen – wenn man den Eindruck hat, dass es auf verständnisvolle Ohren trifft. Ich meine

das mit dem Weiden

und so weiter. In meinem griechischen Neuen Testament steht nämlich gar nicht dreimal nacheinander *weide* meine Lämmer beziehungsweise meine Schafe. Da steht: *bóske* meine Lämmer!, dann: *poímaine* meine Schafe!, dann nochmal: *bóske* meine Schafe! Was also die Einheitsübersetzer dreimal mit *weide* wiedergeben – und schon Martin Luther hat's so gemacht! –, sind im Griechischen zwei verschiedene Wörter. Zwei verschiedene! Und die haben natürlich auch unterschiedliche Bedeutungen, man kann sie doch nicht einfach nur mit *weide* übersetzen!

Ganz anders unser Fridolin Stier, der vom Dorf stammt. Der hat die Wörter *bóske* und *poímaine* unterschiedlich wiedergegeben: Das eine, das nur einmal vorkommt – *poímaine* –, hat er mit *weide* übersetzt, das andere – *bóske* – mit *hüte*; siehe Seite 10.

Das freut mich natürlich, und ich denke, uns alle vom Lande. Aber wissen Stadtleute, die doch Jesus auch verstehen wollen, wissen die, was der Unterschied zwischen hüten und weiden ist? Stadtleute von heute, meine ich. Nun, wenn ihnen das jemand erklären kann, dann sind wir es!

Aus meiner Jungkleinbauernzeit weiß ich noch, dass es tatsächlich ein Unterschied ist, ob ich Schafe hüte oder ob ich sie weide. In meinem Fall handelte es sich allerdings meistens um Kühe. Wenn damals mein Vater zu mir sagte: »Junge, heute Nachmittag, nach der Schule, gehst du die Kühe hüten«, dann hieß das: die Kuh – erstmal nur eine Kuh – am Strick nehmen, sie auf die Wiese führen hinterm Hof, sie in Ruhe grasen lassen, ihr dabei die Stechfliegen verscheuchen, die sie mit ihrem Kuhschwanzgewedel nicht alleine wegkriegt, mit ihr reden und sie immer mal wieder am Strick nach dorthin zupfen, wo im Gras auch Klee und Butterblumen stehen ... Bis sich die Kuh hinlegen und wiederkäuen will. Dann kann sie zurück in den Kuhstall, dort hat sie Zeit zum Wiederkäuen. Und dann ist die nächste Kuh dran – die Liese, dann die Flora und so weiter, bis sie alle durch sind ... Das ist hüten. Jedenfalls meiner Erfahrung nach. Meine Schwester konnte das übrigens besonders gut. Irgendwie können Mädchen besser hüten als Jungs.

Weiden ist etwas anderes. Da werden alle Kühe zusammen auf die Weide, also auf eine Wiese gebracht. Dort grasen sie, bis sie satt sind, und legen sich dann zum Wiederkäuen ins Gras. Das machen sie alles ganz allein. Wenn ich unsere Kühe auf die Weide gebracht hatte, bestand meine Aufgabe nur noch darin, dann und wann mal nach dem Rechten zu sehen und sie am Abend wieder in den Stall zu bringen.

Kühe brauchen beides, das Hüten und das Weiden. Aber was für ein Unterschied zwischen den »LPG-Kühen« – die von der Landwirtschaftlichen Produktionsgenossenschaft, die immer nur auf der Weide waren – und unseren Kühen zu Hause! Glücklich sehen nur Kühe aus, die nicht nur geweidet, sondern auch gehütet werden. Möglichst im Verhältnis zwei zu eins: zweimal hüten, einmal weiden – wie im Bibeltext eben. Denn Hüten ist etwas ganz Persönliches für jede einzelne Kuh.

Andere Kleinbauern, die vom Lande stammen oder heute noch ein paar Kühe haben, wissen das alles bestimmt noch viel besser als ich, und ich denke, das wird ihnen helfen, dieses wichtige Gespräch mit Jesus zu verstehen und Leuten aus der Stadt bei Gelegenheit mal zu erklären, worum es Jesus hier geht.

Nun muss ich aber gestehen, dass mich – kürzlich erst – eine Gruppe von Theologen aus der Schweiz ganz schön durcheinandergebracht hat. Die haben nämlich im Jahr 2006 eine Neuübersetzung ihrer ZÜRCHER BIBEL drucken lassen. Und diese Schweizer Bibelübersetzer haben für ihre Leute auf der Alm ebenfalls *weide* und *hüte* hingeschrieben – aber, anders als der Allgäuer Fridolin Stier, *poímaine* mit *hüte* und *bóske* mit *weide* wiedergegeben. Da steht also nur einmal *hüte* und zweimal *weide*. Was nun? – Wir merken schon: Es wird wohl doch am besten sein, auf Jesus selbst zu horchen und den Text aus dem Johannesevangelium noch einmal etwas näher unter die Lupe zu nehmen. Das habe ich dann auch getan und hab mir dabei ein Buch zu Hilfe genommen, das den Titel trägt: SPRACHLICHER SCHLÜSSEL ZUM GRIECHISCHEN NEUEN TESTAMENT. Geschrieben wurde es in den 1950er-Jahren von einem gewissen Eberhard Nestle und noch einmal gründlich überarbeitet Anfang der 1960er-Jahre durch einen Sprachwissenschaftler namens Fritz Rienecker. Ich kenne es schon seit Beginn meines Theologiestudiums in Erfurt. Dieses Buch – wir nannten es einfach »den RIENECKER« – müsse jeder Theologiestudent unbedingt benutzen für das Studium des Neuen Testaments, sagte uns damals unser Professor Heinz Schürmann, und in der Bibliothek des Priesterseminars waren auch mehr als genügend Exemplare vorhanden. Später habe ich mir dann ein eigenes mitbringen lassen. Von Tante Rita, aus dem Westen. Die Grenzbeamten hatten sie zwar damit erwischt, ließen sie aber samt RIENECKER durch, denn ein solches Buch, sagten sie bei der Gepäckkontrolle zu ihr, würde dem Aufbau des Sozialismus nicht schaden. Und so ist es mir vergönnt, auch heute noch öfter mal in meinen RIENECKER hineinzuschauen.

Jedenfalls, diesem Buch verdanke ich eine wichtige Erkenntnis. In diesem RIENECKER steht nämlich, was die beiden griechischen Wörter wirklich bedeuten, oder richtiger, was sie damals bedeuteten, als das Johannesevangelium geschrieben wurde: Das Wort *bóske*, so heißt es darin, »nennt die Fürsorge für die Fütterung der Tiere«. Und *poímaine* »nennt die ganze vom Hirten der Herde gewährte Leitung und Pflege«.

Der auferstandene Jesus hat demnach zu Amandus gesagt – und ganz bestimmt auch zu Simon, dem Kephas: *Füttere meine Lämmer, füttere meine Schafe!* Das heißt: »Sorg dich darum, dass die Leute genug Nahrung bekommen – und dass sie die richtige Nahrung bekommen!« Gleich zweimal hat Jesus das dem Petrus gesagt. Eingeschärft hat er es ihm!

Und einmal – nur einmal – hat er zu Petrus gesagt: *Leite meine Schafe, pflege sie gut!* Die Leute leiten, ja, das ist dem auferstandenen Jesus ebenfalls wichtig; aber nur halb so wichtig wie ihnen Nahrung geben. Und wenn leiten, dann pfleglich: so, dass es ihnen guttut!

Das gibt doch gleich einen ganz anderen Sinn! Jedenfalls einen viel tieferen Sinn. So hat es Amandus damals von Jesus gehört, und darunter konnte er sich auch als Städter etwas vorstellen – und sollte Amandus tatsächlich Amanda gewesen sein, so eine wie meine Schwester, dann erst recht!

Dass Martin Luther das nicht wissen konnte, verstehe ich. Den SPRACHLICHEN SCHLÜSSEL ZUM GRIECHISCHEN NEUEN TESTAMENT hatte er ja noch nicht. Aber die Theologen, die in den 1970er-Jahren die EINHEITSÜBERSETZUNG erarbeitet haben – warum haben die einfach dreimal *weide* geschrieben? Die hätten sich den RIENECKER doch wenigstens mal ausborgen können von uns aus dem Osten (wie gesagt, im Erfurter Priesterseminar hatten wir mehr als genügend Exemplare davon!). Geschadet hätte dieses Buch auch im Westen keinem! Einer, der beim Übersetzen mit dabei war, hat immerhin mal darüber nachgedacht, ob, so schreibt er in seinem gelehrten Kommentarwerk zum Johannesevangelium, »die wechselnden Wörter für ›weiden‹ auf feine, aber nicht unerhebliche Unterschiede aufmerksam machen«, oder ob sie »nur der stilistischen Variation dienen«. Und das Ergebnis seiner angestrengten Überlegungen lautet doch tatsächlich: »Nach unseren bisherigen Beobachtungen liegt das zweite von vornherein näher« – also die »stilistische Variation«.

So ist das eben bei Stadtmenschen, die sich als Übersetzer der Kleinbauernsprache Jesu versuchen. Die haben zwar schon alles Mögliche im Leben »beobachtet«, aber wohl Lämmer und Schafe noch nie. Für uns jedenfalls ist die Sache nun klar, dank RIENECKER: Jesus hat weder einfach nur vom Hüten noch einfach nur vom Weiden gesprochen. Er hat sich – wen wundert's! – viel genauer ausgedrückt. Ihm, dem auferstandenen Jesus, ist es wichtig, dass die Menschen pfleglich geleitet werden. Und vor allem: dass sie Nahrung bekommen, gute Nahrung, die Herz und Verstand wirklich nährt. Das – das! – hat er dem Städter Amandus gesagt. Und mit Sicherheit auch dem Petrus. Da kann unsereiner, egal, ob deutscher oder Schweizer Kleinbauer, doch eine Menge lernen von Bibelfachleuten wie dem Fritz Rienecker!

Ich muss das bei Gelegenheit unbedingt mal Herrn S. erzählen. Das ist der gelehrte Mensch aus der Stadt – wir erinnern uns –, der immer ganz wild drauf ist, die Bibel von uns Kleinbauern erklärt zu bekommen; er ist inzwischen selbst schon ein Kleinbauer geworden. Mal sehen, was der als Städter zu diesem wichtigen Gespräch zwischen Jesus und Amandus sagen wird ...

Inzwischen will ich noch einmal auf den Feigenbaum zurückkommen. Es gibt da nämlich eine Stelle im Neuen Testament, an der solch ein Feigenbaum uns Kleinbauern gewaltig zu schaffen machen kann. Richtig zornig machen kann er uns an dieser Stelle,

der verfluchte Feigenbaum!

Nun ja, genau genommen nicht der Feigenbaum. Sondern der Markus! Weil der eine Geschichte erzählt, die unsereiner einfach nicht glauben kann. »Ich glaube es nicht!«, schrieb mir erst kürzlich ganz erregt Kleinbauer N. aus Semlin. (Den Ort kennt kaum jemand, so wie damals zum Beispiel Nazaret kaum jemand kannte.) Herr N. ist evangelisch, und in seiner LUTHERBIBEL liest sich die Geschichte so:

... am nächsten Tag, als sie von Betanien weggingen, hungerte ihn (Jesus ist gemeint). *Und er sah einen Fei-*

genbaum von ferne, der Blätter hatte; da ging er hin, ob er etwas darauf fände. Und als er zu ihm kam, fand er nichts als Blätter; denn es war nicht die Zeit für Feigen. Da fing Jesus an und sprach zu ihm: Nun esse niemand mehr eine Frucht von dir in Ewigkeit! Und seine Jünger hörten das.

Gleich nach diesen Worten kommt die Stelle mit der Tempelreinigung, und dann erzählt Markus weiter:

Und als sie am (nächsten) *Morgen an dem Feigenbaum vorbeigingen, sahen sie, dass er verdorrt war bis zur Wurzel. Und Petrus dachte daran und sprach zu ihm: Rabbi, sieh, der Feigenbaum, den du verflucht hast, ist verdorrt …*

Er habe lange über diesen Bibeltext nachgedacht, schreibt Kleinbauer N. Sehr aufmerksam habe er diesen Abschnitt gelesen – und dann wieder gelesen und wieder darüber nachgedacht … Dabei ist ihm natürlich nicht entgangen, dass es im Text heißt: *es war nicht die Zeit für Feigen.* Und da sei er fuchtig geworden, schreibt er. Jesus soll einen Feigenbaum verflucht haben? Und das, obwohl der Baum gar nichts dafür konnte? Verfluchen sei ja schon schlimm, aber dann noch zu Unrecht? Das soll Jesus wirklich getan haben?

Doch. Jesus hat das getan. Ich glaube, Jesus hat das getan. Und das werde ich Herrn N. auch schreiben. Verflucht hat Jesus den Feigenbaum nicht, da stimme ich Kleinbauer N. voll und ganz zu. Aber so etwas Ähnliches hat Jesus getan, davon bin ich überzeugt! Nur hat uns der Markus wieder einmal sehr stadtmenschmäßig darüber berichtet. Und Matthäus hat dann dem Ganzen noch die Krone aufgesetzt! Als der nämlich einige Jahre später die Geschichte aus dem Markusevangelium übernahm, hat er den Feigenbaum nicht erst im Laufe des Tages verdorren lassen, sondern *sogleich* – nach der EINHEITSÜBERSETZUNG: *auf der Stelle.* Wie ein sechs bis acht Meter hoher Feigenbaum mit seinen großen, derben Blättern das Verdorren so schnell fertiggebracht haben soll, das frag ich mich allerdings auch!

Aber gut – beide, der Markus und der Matthäus, werden ihre Gründe gehabt haben, das ihren Gemeinden so zu erzählen. Und dass sie durch die Art, wie sie von diesem Vorfall erzählten, und durch den Zusammenhang, in den sie ihn stellten, Generationen von Bibelauslegern ins Schwitzen gebracht haben, nun, auch das ist ihre Sache. Dass aber viele Bibelausleger im Laufe der Jahrhunderte die Ansicht verbreiteten, der Feigenbaum sei ein Symbol für das Volk der Juden, und Jesus hätte im Feigenbaum sein Volk – sein eigenes Volk! – verflucht, das werden wir nie und nimmer glauben! Auch nicht, dass wir oder gar die Städter mit dem Feigenbaum gemeint sind, wie andere Ausleger heute noch meinen. Nie und nimmer werden wir Kleinbauern so von Jesus, von den Juden und von den Städtern denken!

Wir gestatten uns hier unsere eigene Auslegung. Wir stellen uns einfach wieder mit unter die Jünger –

wir sind ja schließlich auch Jünger, also Lehrlinge von Jesus! – und hören genau hin, was Jesus wirklich sagte. Kleinbauer N. aus Semlin nehmen wir am besten gleich mit.

Also: Wir kommen gerade mit Jesus und seinen anderen Jüngern – den Jüngerinnen und Jüngern von damals – aus unserem Nachtquartier in Betanien. Zu Fuß natürlich. Noch eine ganze Stunde Weg liegt vor uns bis zum Tempelplatz in Jerusalem. Dort will Jesus unbedingt hin. Gestern schon war er mit uns dort und schon in den Tagen zuvor. Es ist früh am Morgen. Jesus hat Hunger. Wir auch. Da kommen wir an einem Feigenbaum vorbei ...

Um diese Jahreszeit – es ist in den Tagen vor dem Paschafest, also kurz vor Ostern, im März oder April – haben Feigenbäume noch keine Feigen. Die beginnen hier in Judäa erst im Mai zu wachsen und sind dann im Sommer reif; anders als am See Gennesaret, wo Feigen wegen des besonders günstigen Klimas fast das ganze Jahr über geerntet werden können. Das weiß Jesus natürlich, schließlich ist er ja nicht zum ersten Mal in Betanien und Jerusalem! Schon als Zwölfjähriger war er hier, mit seinen Eltern damals, und später auch, wahrscheinlich Jahr für Jahr zur selben Zeit, zum Paschafest.

»Höchstens ein paar Vorfeigen könnten wir finden«, sagt Kleinbauer N. aus Semlin flüsternd neben mir. Er hat sich nämlich vorher schon kundig gemacht und weiß über Feigenbäume mehr als ich.

»Vorfeigen – kleine, ganz süße, ein paar nur – wachsen schon im Herbst«, erklärt er mir, »und sie sind bereits zum Frühlingsbeginn gut genießbar.« Darauf muss Jesus wohl aus sein. »Aber nicht immer hat ein Feigenbaum welche, zumindest in dieser Gegend«, fügt mein evangelischer Mitjünger hinzu, »und wenn doch, dann sind sie um diese Zeit bestimmt schon abgepflückt!«

Und tatsächlich, so ist es auch. Jesus, der uns vorausgeeilt ist, direkt auf den Feigenbaum zu, findet keine einzige Feige zwischen den Blättern. Von Weitem hören wir ihn schimpfen: »Verfluchter Feigenbaum! Überhaupt keine Feigen sollst du mehr haben, du elendes Holzgerippe!« Enttäuscht schaut er uns entgegen, noch immer fluchend, und mit unsren knurrenden Mägen gehen wir in den langen Tag hinein ...

So ungefähr muss es gewesen sein. Uns jedenfalls ist klar: In dieser Situation hat Jesus geflucht. Richtig kräftig geflucht! Denn Kleinbauern sind so. Die lachen, wenn es was zu lachen gibt, und die fluchen, wenn die Situation nun mal danach ist. Wenn zum Beispiel mitten beim Graszusammenharken von der Harke ein Zinken abbricht, dann entfährt's uns doch, ohne dass wir dabei Schlimmes denken: »Du verfluchte, elende Krücke!« – und schon fliegt die Harke im Bogen irgendwohin auf die Wiese! Natürlich heben wir sie wieder auf und machen sie ganz, wir brauchen sie ja, unsere Harke ...

Wirklich, so sind wir Kleinbauern. Wir können fuchsteufelswild werden. Wir schimpfen und fluchen auch. Aber: Verfluchen tun wir nicht! Schon gar nicht unser eigenes Volk – nicht einmal die Betonköpfe in unserm Volk! Jedenfalls tut das ein Kleinbauer wie Jesus nicht! Er kann zornig werden wie bei der Tempelreinigung – laut Markus noch am selben Tag! Er kann dem Kephas die Worte an den Kopf knallen: *Weg mit dir, Satan, geh mir aus den Augen!* – siehe Markus, 8. Kapitel, oder Matthäus, 16. Kapitel. Er kann hochangesehenen und gelehrten Leuten wütend ins Gesicht hinein sagen: *Weh euch, ihr Schriftgelehrten und Pharisäer, ihr Heuchler! Ihr verschließt den Menschen das Himmelreich. Ihr selbst geht nicht hinein; aber ihr lasst auch die nicht hinein, die hineingehen wollen!* Oder an die gleiche Adresse gerichtet: *Ihr seid wie die Gräber, die außen weiß angestrichen sind und schön aussehen; innen aber sind sie voll Knochen, Schmutz und Verwesung!* Und noch ganz andere Sachen hatte er drauf, gerade solchen Leuten gegenüber, wie jeder gern bei Matthäus im 23. Kapitel nachlesen kann. Und er kann selbstverständlich auch enttäuscht und wutentbrannt zu einem Feigenbaum sagen: »Du verfluchter, elender Feigenbaum!« Aber das ist doch dann nicht persönlich gemeint gegen jemanden! Bei Jesus nie! Gegen keinen!

Was also Markus und Matthäus von Jesus und dem Feigenbaum erzählen – da hat Kleinbauer N. aus Semlin völlig recht! –, ist so, wie sie es erzählen, einfach nicht wahr. Aber das, wie gesagt, ist deren Sache. Sie waren ja auch beide nicht dabei damals auf dem Weg von Betanien nach Jerusalem. *Und seine Jünger hörten das*, schreibt Markus – ja, aber er selbst hat's nicht gehört! Wir aber waren nun dabei. Wir haben es gehört, und zwar mit unseren Kleinbauernohren, und deshalb können wir uns einfühlen in Jesus und wissen, was er gesagt hat – und was er nicht gesagt hat!

Und vor allem: Wir sind in guter Gesellschaft. Mit Lukas nämlich. Der hat die Markusgeschichte auch nicht geglaubt. Und das sogar, obwohl er ein waschechter Städter war! Er hat sie, als er anhand des Markusevangeliums sein eigenes Evangelium schrieb, einfach weggelassen. Einfach stillschweigend weggelassen. Weil das nämlich keine gute Nahrung für seine Lämmer und Schafe gewesen wäre! Aber: Dafür hat er an anderer Stelle, siehe 13. Kapitel, ein Gleichnis von Jesus wiedererzählt, das ihm überliefert worden war und das ebenfalls von einem Feigenbaum handelt. Und an diesem Gleichnis sieht man,

wie Jesus wirklich mit einem Feigenbaum umgeht

der keine Feigen hat – sogar schon drei Jahre lang keine Feigen hat. Ich schreibe diese Gleichnisgeschichte aus der EINHEITSÜBERSETZUNG ab. Sie geht so:

Ein Mann hatte in seinem Weinberg einen Feigenbaum; und als er kam und nachsah, ob er Früchte trug, fand er keine.

Da sagte er zu seinem Weingärtner: Jetzt komme ich schon drei Jahre und sehe nach, ob dieser Feigenbaum Früchte trägt, und finde nichts. Hau ihn um! Was soll er weiter dem Boden seine Kraft nehmen?

Der Weingärtner erwiderte: Herr, lass ihn dieses Jahr noch stehen; ich will den Boden um ihn herum aufgraben und düngen. Vielleicht trägt er doch noch Früchte; wenn nicht, dann lass ihn umhauen.

Ja – das ist Jesus! Der ist wie ein liebevoller Gärtner, der auch einem Feigenbaum, der schon drei Jahre lang keine Feigen hat, noch eine Chance gibt. Und der was tut für seinen Feigenbaum! Er tut alles, damit der Baum doch noch Früchte trägt. Ist ja auch klar: Wenn schon wir das machen, zum Beispiel mit unseren knorrigen Apfelbäumen im Garten, die wir Jahr für Jahr verschneiden und vielleicht sogar »düngen«, dann er doch erst recht! Und mit den Menschen macht er es auch so, mit allen – das sieht man ja an Petrus! Das hat er damals so gemacht, und das macht er auch als auferstandener Jesus heute noch so.

Und mal ganz unter uns: Jesus hat selbstverständlich nicht *düngen* gesagt. So reden Stadtmenschen wie unsere Einheitsbibelübersetzer! Na gut, Bauern auch mal, aber höchstens dann, wenn sie Kunstdünger verwenden – den es aber damals ja noch gar nicht gab. Lukas selbst hat Jesus völlig richtig wiedergegeben, denn bei ihm steht (auf Griechisch natürlich): *Mist druntertun.*

Lukas wusste eben – obwohl er ein Stadtmensch war –, dass Jesus ein Kleinbauer ist.

Eins allerdings hat mich stutzig gemacht an diesem Gleichnis. Lukas schreibt ja, *drei Jahre* lang hätte der Feigenbaum keine Frucht getragen, und dann muss es Jesus wohl auch so erzählt haben, damals in Galiläa. Aber: *drei Jahre* – ist denn das so wichtig? Wir, wenn wir solche Geschichten erzählen, sagen doch: »Der Baum da, der hat schon seit ein paar Jahren keine Feigen mehr« oder so. Warum sagt Jesus *drei Jahre*, warum ausdrücklich drei? Nun,

mit Zahlen hat's ja die Bibel

irgendwie, das ist schon wahr. Und mit der Zahl Drei besonders: Dreimal hat Jesus den Amandus Petrus nach seiner Liebe gefragt, dreimal ihm eingeschärft, für die Lämmer und Schafe zu sorgen. Dreimal übrigens hatte Jesus den Jüngern auch gesagt, dass er unbedingt nach Jerusalem gehen wolle, und angekündigt, dass das nicht gut ausgehen werde; er werde aber auferstehen aus dem Tod, am dritten Tag ... Drei, immer wieder drei. Das gesamte Neue Testament ist voll von *drei* und *dreimal* und *dritte* und *zum dritten Mal.* Freilich, andere Zahlen kommen auch häufig vor. Und schaut man näher hin, steckt meistens eine tiefere Bedeutung dahinter.

Nehmen wir zum Beispiel die Zwölf: Sie erinnert an die zwölf Stämme, aus denen Gott einst sein Volk Israel schuf. Und weil die Leute aus den Stämmen Ruben, Levi, Juda, Sebulon, Naftali und so weiter zur Zeit Jesu längst auch in jüdischen Auslandsgemeinden lebten, verstreut über die ganze damals bekannte Welt, symbolisiert die Zwölf im Neuen Testament die gesamte Menschheit – für die noch *zwölf Körbe voll* übrig bleiben zum Beispiel, wenn Jesus die *fünf Brote und zwei Fische* austeilt; siehe Jesus-für-Kleinbauern-Buch Nummer zwei. Oder dass Jesus im Jüngerkreis eine Zwölfergruppe bildet und diese zwölf als Apostel ausgesendet werden, das hat auch damit zu tun. Es ist das Zeichen dafür, dass seine Apostel – in Wirklichkeit waren es ja dann viel mehr als zwölf – seine »Post« *zu allen Völkern* bringen sollen, wie es am Schluss des Matthäusevangeliums heißt.

Oder die Sieben. Auch sie kommt sehr oft vor, sie ist in der Bibel die Zahl der Fülle. Wenn zum Beispiel Petrus fragt: *Herr, wie oft muss ich meinem Bruder vergeben, wenn er sich gegen mich versündigt? Siebenmal?*, dann meint er natürlich nicht: »Herr, ich habe ganz genau mitgezählt: Siebenmal habe ich nun schon meinem Bruder vergeben. Das reicht doch jetzt, oder?« Nein, dann meint er: »Herr, muss ich wirklich meinem Bruder immer vergeben?« Siebenmal vergeben bedeutet in diesem Zusammenhang: immer vergeben, also vergeben in Fülle, ohne Begrenzung. Und weil Jesus sieht, dass Petrus etwas kapiert hat vom Vergeben, bestärkt er ihn und antwortet: *Nicht siebenmal, sondern siebenund-*

siebzigmal – was so viel heißt wie: »Nein, nicht immer, sondern

immerimmer

sollst du vergeben, mein lieber Kephas!« Da wird er gestrahlt haben, der Simon! »Hab ich also doch was gelernt bei meinem Meister!«, wird er sich gesagt haben, und vielleicht hat er sogar heimlich in sich hinein geschmunzelt und gedacht: »Manchmal bin ich doch gar kein kefa ...«

Moment! An dieser Stelle muss ich meinem evangelischen Mitjünger aus Semlin kurz etwas erklären. Denn der kennt ja die Antwort, die Jesus dem Petrus gegeben hat, aus der LUTHERBIBEL. Und laut LUTHERBIBEL sagt Jesus: *Nicht siebenmal, sondern siebzigmal siebenmal.* Also nicht wie in der EINHEITSÜBERSETZUNG: *siebenundsiebzigmal.* – Ich habe selbstverständlich überhaupt nichts gegen die LUTHERBIBEL! Ich schaue ja auch selbst öfter mal da rein. Aber in diesem Fall muss ich Herrn N. sagen, von Kleinbauer zu Kleinbauer gewissermaßen: »Dein Martin Luther hat das falsch übersetzt! *Hebdomäkontákis heptá* heißt nicht siebzigmal siebenmal, sondern siebenundsiebzigmal.« Ich könnt's ihm sogar, falls er mir nicht glaubt, mit meinem RIENECKER beweisen! – Hundert Punkte diesmal für die Einheitsübersetzer!

Oder – hat Martin Luther bewusst anders übersetzt, als es dasteht? Hat er sagen wollen: »Nicht immer und nicht immerimmer sollst du vergeben, sondern immerimmerimmer«? Dann würde ich natürlich alles zurücknehmen, und ich hoffe, dass mir mein Bruder aus Semlin noch einmal immerimmerimmer verzeihen kann …

Aber ob wir nun immerimmer vergeben oder immerimmerimmer vergeben, viel wichtiger ist es, dass wir dieses Jesuswort aus dem 18. Kapitel des Matthäusevangeliums auch mal im Lukasevangelium nachlesen. Denn wenn wir nur dem Matthäustext folgen, könnte es problematisch werden mit dem Vergeben:

Angenommen – wirklich nur mal angenommen, ich will ja um Gottes willen keinem etwas unterstellen! –, also nur mal angenommen, Bauer Lehmann sagt zu Bauer Schulze: »Du bist ein blödes Rindvieh!«, und angenommen, der meint das wirklich persönlich, bitterböse persönlich. Was macht dann Bauer Schulze, wenn er nur das Matthäusevangelium kennen würde? Klar, er wird Bauer Lehmann verzeihen. Und wenn der das immerimmerimmer wieder sagt – vielleicht auch noch vor allen Leuten –, dann wird Bauer Schulze ihm das immerimmerimmer wieder verzeihen. Einfach so. Schließlich steht's doch so in der Bibel! Bis er eben für alle Leute ein blödes Rindvieh ist und es eines Tages selbst auch von sich glaubt.

Kennt Bauer Schulze aber dasselbe Jesuswort auch aus dem Lukasevangelium – dort finden wir es im 17. Kapitel –, dann hat er noch ein bisschen etwas anderes gelesen. Für Bauer N. aus Semlin schreib ich's wieder aus der LUTHERBIBEL ab:

Wenn dein Bruder sündigt, so weise ihn zurecht; und wenn er bereut, vergib ihm. Und wenn er siebenmal am Tag an dir sündigen würde und siebenmal wieder zu dir käme und spräche: Es reut mich!, so sollst du ihm vergeben.

Wenn sich Bauer Lehmann so gemein benimmt, dann *weise ihn zurecht*, sagt Jesus hier zu Bauer Schulze. Und: Wenn er bereut, dann vergib ihm. *Wenn er bereut*!

Das hört sich etwas anders an als in der Überlieferung des Matthäus. Vergeben, ja. *Siebenmal*, also immer, das schon! Aber eben: *wenn er bereut*. Also nicht »einfach so«! Die EINHEITSÜBERSETZUNGs-Kommission hat die Stelle sogar so ins Deutsche übertragen, dass jeder gleich weiß, was »bereuen« heißt: *wenn er sich ändert* und wenn er *zu dir kommt und sagt: Ich will mich ändern*! Dafür nochmal hundert Punkte!

Wenn also Bauer Schulze außer dem Matthäusevangelium auch noch das Lukasevangelium kennt, dann wird er dem Lehmann trotzdem vergeben. In seinem Herzen. Denn sonst – das wissen wir ja aus eigener Erfahrung – macht er sich vor lauter Wut und Hass sein Herz kaputt. Und außerdem wäre er dann gar nicht mehr offen dafür, dass Bauer Lehmann eines Tages *kommt und sagt: Ich will mich ändern*. Klar. Aber: Obwohl er dem Lehmann im Herzen verzeiht, wird er ihn zurechtweisen! Damit der sich nämlich ändert! Damit der endlich kapiert: Ein Bauer Schulze ist kein blödes Rindvieh! Und wenn Bauer Lehmann dann kommt und ehrlich sagt: »Du, Schulze, ich hab's eingesehen, du bist eigentlich ein guter Kerl – und ich will nie wieder ›du blödes Rindvieh‹ zu dir sagen, schon gar nicht vor allen Leuten«, dann, ja dann wird Bauer Schulze glücklich sein. Denn dann ist mehr geschehen als Vergebung – dann können sich die beiden versöhnen! Dann können sie sich gegenseitig wieder bei der Ernte helfen, einander wieder den Pflug oder den Heuwender ausleihen und abends im Dorfkrug wieder miteinander lachen, zusammen mit allen Leuten. Und das ist es, was Jesus will: nicht nur Vergebung, sondern Versöhnung.

Vergeben ist nötig, immerimmer! Damit Bauer Schulze sich nicht das Herz kaputt macht und Bauer Lehmann die Chance bekommt, sich zu ändern. Aber Ziel der Vergebung ist die Versöhnung zwischen beiden. Man muss eben den Matthäus hören und den Lukas hören, manchmal sogar die Autoren aller vier Evangelien, um herauszukriegen, was Jesus wirklich gesagt hat.

So, das nur – in aller Kürze – zur Symbolzahl Sieben; auf das Verzeihen und Versöhnen komme ich später nochmal zurück. Bleiben wir vorerst noch ein bisschen bei den Zahlen.

Auch die Vierzig zum Beispiel hat symbolische Bedeutung in der Bibel, oder die Sechs und noch manche andere Zahl. Aber, wie gesagt, die Drei, die kommt besonders häufig vor – in beiden Teilen der Bibel zusammen über dreihundertachtzigmal. Auffällig ist das schon! Irgendwie sind wohl tatsächlich »aller guten Dinge drei« …

Sogar unmittelbar vor dem Jesus-Petrus-Amandus-Gespräch, also ebenfalls im Nachtragskapitel des Johannesevangeliums, heißt es: *Dies war schon das dritte Mal, dass Jesus sich den Jüngern offenbarte, seit er von den Toten auferstanden war.* Dort allerdings – nur wenige Zeilen zuvor – ist von einer Zahl die Rede, die einem nun wirklich Kopfzerbrechen bereiten kann:

die Zahl Hundertdreiundfünfzig

nämlich. Jesus – wieder der auferstandene Jesus – sagt an dieser Stelle zu den Jüngern, sie sollten doch noch einmal ins Boot steigen, noch einmal hinausrudern und noch einmal ihre Fischernetze auswerfen. Sie waren nach den Schrecken des Karfreitags nach Galiläa zurückgegangen und hatten gerade ihre gewohnte Arbeit wieder aufgenommen. »*Ich gehe fischen*«, hatte Petrus gesagt, »nun ist ja sowieso alles aus und vorbei!« Und dann klappte nicht mal das! Wie auch, wenn man so miesepetrig an die Arbeit geht! (Das Wort »mies« in »miesepetrig« kommt übrigens aus dem Jiddischen, sagt mein HERKUNFTSWÖRTERBUCH DER DEUTSCHEN SPRACHE; und ich fresse einen Besen, wenn »petrig« nicht von »Petrus« kommt!) Die ganze Nacht über hatten sie nichts gefangen, keinen einzigen Fisch ...

Was sich Petrus, der erfahrene Fischer, gedacht haben mag, als dann am Morgen ein scheinbar Unbekannter am Ufer stand und sagte: *Werft das Netz auf der rechten Seite des Bootes aus, und ihr werdet etwas fangen*, nun, das können wir uns lebhaft vorstellen! Aber er hat's getan. Er packt die Netze ins Boot und rudert mit seinen Leuten los. Und tatsächlich: Als er das Netz ans Land zieht, ist es *mit hundertdreiundfünfzig großen Fischen gefüllt*!

Dass Petrus die Fische so genau gezählt hat, davon ist im Evangelientext keine Rede. Also muss wohl auch die Zahl Hundertdreiundfünfzig symbolisch zu verstehen sein und irgendeine tiefere Bedeutung haben. Die Bibelausleger der ersten Jahrhunderte waren jedenfalls davon überzeugt. Nur – was bedeutete diese Zahl?

Auch der heilige Augustinus zum Beispiel hat sich das gefragt. Er fand heraus, dass 153 die Summe aller Zahlen von 1 bis 17 ist – und stand nun vor der Frage, welche tiefere Bedeutung die Zahl Siebzehn habe. Beantworten konnte sie ihm bis heute keiner.

Oder Hieronymus, der die Bibel aus dem Griechischen ins Lateinische übersetzte: Er und andere Vätertheologen dachten damals, dass es insgesamt einhundertdreiundfünfzig verschiedene Arten von Fischen gäbe, auf der ganzen Welt. Deshalb, so meinten sie, bedeute die Zahl Hundertdreiundfünfzig die gesamte

Menschheit. Besonders glücklich war diese Deutung natürlich auch nicht – in diesem Zusammenhang jedenfalls. Denn manch einer schlussfolgerte später daraus, die Christenheit dürfe sich die Leute, also die ganze Menschheit, einfach so angeln – die Ureinwohner von Amerika zum Beispiel nach der Eroberung durch Kolumbus oder die Arbeiter und Bauern aus unserem »religionslosen Osten« nach dem Fall der Mauer ...

Was, verflixt nochmal, bedeutet die Zahl Hundertdreiundfünfzig?! Warum ist hier ausgerechnet von *hundertdreiundfünfzig* Fischen die Rede? Manches in der Bibel ist sehr rätselhaft ... Zugegeben, mit unserm Kleinbauernverstand allein kommen da auch wir nicht weiter.

Ein bisschen weitergeholfen, ein bisschen immerhin, hat mir ein katholischer Bibelwissenschaftler aus Augsburg, namens Jürgen Werlitz. Der hat nämlich eine verblüffende Erklärung! Er kennt sich im Alten Testament bestens aus und weiß, dass die hebräischen Buchstaben zugleich Zeichen für die Zahlen sind. Schreibt man die Ziffern 1-5-3 hebräisch, ergibt das zugleich, sagt er, die Buchstabenfolge q-h-l – was als »qahal« gelesen und als »kahal« ausgesprochen wird. (Vokale wie a, e, i, o, u werden im Hebräischen nicht mitgeschrieben, müssen wir wissen.) In der Sprache des jüdischen Volkes bedeutet das Wort qahal »Versammlung«, »Gemeinschaft«. Es ist damals ein ganz wichtiges Wort im jüdischen Glauben gewesen. Große Gottesmänner wie Jeremia, Jesaja oder Sacharja hatten schon Jahrhunderte vor Jesus gesagt: Gott wird eines Tages Menschen aus allen Völkern um sich sammeln, und sie alle werden seine qahal sein, seine große Reich-Gottes-Gemeinschaft! Nicht nur Juden werden zu ihr gehören, hatten sie gesagt, sondern Menschen aus allen Völkern und Nationen …

Nicht einfach nur von *hundertdreiundfünfzig großen Fischen* ist also die Rede, sondern von Gottes *qahal* – wirklich, eine ganz verblüffende Erklärung!

Und irgendwie überzeugend, zumal es so etwas Ähnliches an mindestens noch einer Stelle im Neuen Testament gibt, nämlich gleich zu Beginn des Matthäusevangeliums: Da betrifft es die Zahl Vierzehn. Matthäus stellt dort den *Stammbaum Jesu Christi, des Sohnes Davids, des Sohnes Abrahams* vor und schreibt dann:

Im Ganzen sind es also von Abraham bis David vierzehn Generationen, von David bis zur Babylonischen Gefangenschaft vierzehn Generationen und von der Babylonischen Gefangenschaft bis zu Christus vierzehn Generationen.

Also dreimal – schon wieder drei Mal! – vierzehn Generationen. Denkt man sich nun die Zahl 14 auf Hebräisch geschrieben, wäre das die Buchstabenfolge d-v-d – und als Wort gelesen ist das der Name »David«.

Wir haben guten Grund, davon auszugehen, sagen Bibelfachleute wie Professor Werlitz, dass Matthäus den Stammbaum samt Schlussbemerkung nicht selbst zusammengestellt hat, sondern von Christen übernommen hat, die aus dem Judentum stammten und folglich Hebräisch schrieben – oder Aramäisch, das war ja damals die hebräische Umgangssprache im Heiligen Land. Diese jüdischen Christen hatten also beim Lesen und Vorlesen die Wahl, ob sie *vierzehn Generationen* oder *David-Generationen* lasen. Und genau das war der Sinn des Stammbaums: den Leuten klarzumachen, dass Jesus der *Sohn Davids* ist, also der seit Generationen ersehnte Messias! – Herrlich, wie viel »versteckte« Botschaft aus den Zahlen der Bibel spricht! Kleinbauern von heute kämen da freilich nie drauf ohne die Hilfe von biblischem Fachpersonal!

Nur bei der Zahl Hundertdreiundfünfzig, da bleiben für Kleinbauern ein paar Fragen offen. Vor allem folgende: Wenn hinter den Ziffern 1-5-3 das Wort qahal steckt – und das glauben wir dem Professor ja aufs Wort –, wenn also mit der Zahl Hundertdreiundfünfzig die große Gemeinschaft von Menschen gemeint ist, die Gott um sich sammelt, könnte das dann nicht so verstanden werden, dass diese Reich-Gottes-Gemeinschaft die Kirche ist? Nur die Kirche, meine ich. Und würde das dann, im Gesamtzusammenhang mit dieser Fischfangerzählung verstanden, nicht doch wieder bedeuten, dass sich Petrus und die Jünger und deren Nachfolger einfach so die Leute für die Kirche angeln dürfen?

Das Evangelium – die frohe Botschaft Jesu – weitersagen, ja! Allen Menschen, wenn's geht. Ganz klar!

Nichts wollen wir Kleinbauern mehr als das! Aber einfach so die Netze raus und einfangen? Na, ich weiß nicht. Glauben kann ich das nicht. Wenn irgend so ein Jünger das mit mir gemacht hätte, würde ich doch heute nicht in der Kirche sein! Ich bin in der Kirche, weil ich freiwillig in der Kirche bin. Weil mich ein paar Jünger, bei meinem Vater und meiner Mutter angefangen, zu Jesus hingeführt haben, und er, er selbst, mich angesprochen hat

bis tief ins Herz hinein

mit all dem, was er gesagt und getan hat damals in Galiläa. Irgendwie muss das mit der 153 als qahal noch anders gemeint sein ...

Ich habe mal wieder bei Lukas nachgelesen. Der schreibt nämlich fast dasselbe wie die Leute aus dem johanneischen Kreis in ihrem Nachtragskapitel, er erzählt eine ganz ähnliche Geschichte. Nur ist bei ihm nicht vom auferstandenen Jesus die Rede, sondern von Jesus, als er in Galiläa lebte. In der EINHEITSÜBERSETZUNG liest sich seine Erzählung so:

Als Jesus am Ufer des Sees Gennesaret stand, drängte sich das Volk um ihn und wollte das Wort Gottes hören. Da sah er zwei Boote am Ufer liegen. Die Fischer waren ausgestiegen und wuschen ihre Netze. Jesus stieg in das Boot, das dem Simon gehörte, und bat ihn, ein Stück weit vom

Land wegzufahren. Dann setzte er sich und lehrte das Volk vom Boot aus.

Zwischenbemerkung: Simon wird hier einfach nur *Simon* genannt, nicht Petrus beziehungsweise Kephas. Der Grund: Zum Zeitpunkt dieser Begebenheit war Simon noch kein Jünger, und erst später wird Jesus ihn Kephas nennen. – Warum Jesus sich ein Stück auf den See hinausrudern lässt, das wissen wir ja: damit die vielen Leute am Ufer ihn besser hören können; die Wasseroberfläche wirkt wie eine Lautsprecheranlage. Weiter:

Als er (Jesus) *seine Rede beendet hatte, sagte er zu Simon: Fahr hinaus auf den See! Dort werft eure Netze zum Fang aus!*

Simon antwortete ihm: Meister, wir haben die ganze Nacht gearbeitet und nichts gefangen.

Noch eine Zwischenbemerkung: Was hier Jesus zu Simon sagt und Simon zu Jesus sagt, hat Lukas recht wortkarg wiedergegeben. Aber hinter den knappen Sätzen steckt natürlich ein längeres Gespräch; und auf »Hochdeutsch« haben sich Jesus und Simon auch nicht unterhalten. Also horchen wir hinter die Zeilen:

Jesus hatte gesehen, dass Simon und seine Leute *ihre Netze wuschen* – das heißt, sie hatten das Fischfangen für heute aufgegeben. Es lohnte sich einfach nicht, sie hatten eingepackt. Und da macht Jesus dem Simon Mut:

»Gib doch nicht so schnell auf, Simon! Fahr nochmal raus auf den See, werft eure Netze noch einmal aus!«

Was Simon in dem Moment denkt, ist klar: Da kommt so ein Kleinbauer aus Galiläa daher und will mir, einem Fischer, sagen, was ich tun soll!

»Nochmal los?«, antwortet er Jesus. »Erstens sind wir hundemüde, *denn wir haben die ganze Nacht gearbeitet*, und zweitens ist es doch sowieso zwecklos! Die ganze Nacht haben wir nichts gefangen. Es ist heute einfach kein Fischtag!« – Aber dann kommt's:

Doch wenn du es sagst, werde ich die Netze auswerfen.

Und er sollte es nicht bereuen! Weiter:

Das taten sie, und sie fingen eine so große Menge Fische, dass ihre Netze zu reißen drohten. Deshalb winkten sie ihren Gefährten im anderen Boot, sie sollten kommen und ihnen helfen. Sie kamen, und gemeinsam füllten sie beide Boote bis zum Rand, so dass sie fast untergingen. Als Simon Petrus …

Achtung! Jetzt, an dieser Stelle, setzt Lukas den Spitznamen des Simon hinzu, den er natürlich schon kennt. Weil sich jetzt, in diesem Moment, zeigt, dass auch in einem miesepetrigen Dickschädel wie Simon ein ganz tiefsinniger, edler und feinfühlender Mensch stecken kann. Lesen wir weiter:

Als Simon Petrus das sah, fiel er Jesus zu Füßen und sagte: Herr, geh weg von mir; ich bin ein Sünder. Denn er und alle seine Begleiter waren erstaunt und erschrocken, weil sie so viele Fische gefangen hatten; ebenso ging es Jakobus und Johannes, den Söhnen des Zebedäus, die mit Simon zusammenarbeiteten.

Nochmal Achtung! Von hundertdreiundfünfzig Fischen ist hier im Lukasevangelium keine Rede. Nur von vielen Fischen. Und von richtigen Fischen natürlich, wie die Fischer sie eben fangen im See Gennesaret, nicht von symbolischen Fischen. Lukas erzählt weiter:

Da sagte Jesus zu Simon: Fürchte dich nicht! Von jetzt an wirst du Menschen fangen.

Und sie zogen die Boote an Land, ließen alles zurück und folgten ihm nach.

Fürchte dich nicht! Was Jesus dem Simon damit sagen will, in dieser Situation, liegt auf der Hand:

»Siehst du, Simon, du musst nicht immer gleich schwarzsehen! Wenn's einmal nicht klappt, klappt's beim nächsten Mal! Hab ein bisschen mehr Zuversicht! ...«

Und dann sagt er zu ihm: *Von jetzt an wirst du Menschen fangen*. Auch das gebe ich mal etwas ausführlicher wieder, und mehr in der Kleinbauernsprache Jesu:

»Du, Simon, was ich gerade den Leuten gesagt habe über Gott und über die Menschen und über das Leben, von deinem Boot aus – du hast es ja gehört –, das könntest auch du den Leuten sagen. Du könntest ihnen echte, gute Nahrung geben. Ja, auch du! Du kannst das, du wärst genau der Richtige dafür. Hab nur Vertrauen! So, wie du mir jetzt eben vertraut hast. Jetzt hast du Fische gefangen – obwohl du deine Netze schon zusammengepackt hattest. Einmal, da wird Gott Menschen um dich sammeln, sehr viele. Mit ihnen zusammen wirst du meine Reich-Gottes-Gemeinde sein ...« – auf Aramäisch sagt Jesus: meine qahal – »auch wenn du dir das jetzt nicht vorstellen kannst und immer geneigt bist, erstmal in allem schwarzzusehen«.

So etwa muss Jesus zu ihm gesprochen haben. Und das hatte dem Simon noch keiner gesagt. So viel Vertrauen hatte noch keiner in ihn gesetzt, so viel Mut noch niemand in ihm geweckt. So, bis tief ins Herz hinein, hatte ihn noch nichts und niemand angesprochen ... Er lässt alles stehen und liegen und geht mit Jesus mit ... Ab jetzt ist er Lehrling bei Jesus.

Und das alles wussten die Christen in der Gemeinde natürlich, in der dann Jahrzehnte später das Johannesevangelium entstand. Es war ihnen genauso bekannt, wie es dem Lukas bekannt war. Aber es war ihnen mit ausführlicheren Worten berichtet worden, ungefähr so, wie ich es gerade erzählt habe, von Kleinbauern eben; und auf aramäisch. Wie wären sie sonst auf das Wort qahal gekommen! Und dadurch auf die Zahl Hundertdreiundfünfzig! Sie selbst haben es dann in ihrem

Nachtrag so nacherzählt, als sei es der auferstandene Jesus gewesen, der da mit Simon Petrus sprach. Was ja auch richtig ist! Denn der auferstandene Jesus ist doch derselbe wie der Jesus von damals. Er sagt dem Petrus, dem Amandus, der Amanda und wie wir alle heißen, noch immer dasselbe: »Habt Vertrauen zu mir! Geht, erzählt den Leuten von Gott, der ein Abba ist! Sagt ihnen, dass sie Gottes geliebte Töchter und Söhne sind – so, wie ihr mich habt davon erzählen hören! Habt keine Sorge, die Menschen werden kommen! Sehr viele! Sie werden mit euch qahal sein wollen, meine Reich-Gottes-Gemeinschaft – wenn ihr ihnen diese wirkliche, diese echte Nahrung gebt! Und zwar in Kleinbauernsprache, in meiner Sprache.«

Und Grund genug, sich das vom auferstandenen Jesus sagen zu lassen – also jetzt –, gab es in der Johannesgemeinde ganz bestimmt! Auch zu dieser Zeit wird manch einer gedacht haben wie Petrus nach dem Karfreitag: »*Ich gehe fischen* – ist ja sowieso alles hoffnungslos!« Genauso wie heute ...

So gesehen, ist es wirklich schön, dass Leute wie Amandus das alles in die Zahl Hundertdreiundfünfzig hineinversteckt haben. Nur darf man – wir merken schon – die Deutung dieser Zahl nicht allein den Bibelexperten überlassen. So wichtig diese Leute für die Christenheit sind: Ohne uns Kleinbauern käme die Botschaft des auferstandenen Jesus nicht rüber! Jedenfalls nicht bis tief ins Herz hinein. Bibelfachleute und

Kleinbauern gehören eben, wir wir merken, irgendwie zusammen.

Aber nun endlich zu Herrn S.! Der war neulich wieder zu einem Seminar bei uns im Kloster, und da hab ich ihm sofort von meinen Erkenntnissen über das Gespräch zwischen Jesus und Amandus erzählt – und natürlich auch von Kleinbauer N. aus Semlin, vom Feigenbaum und von der Bedeutung der verschiedenen Zahlen. Und kaum war ich fertig mit dem Erzählen, fiel Herrn S. ein Wort aus der Enzyklika GOTT IST DIE LIEBE von Papst Benedikt ein. Gott liebt uns Menschen

»vorleistungsfrei«

hatte der Papst in dieser Enzyklika geschrieben. »Vorleistungsfrei – genauso ist es bei Jesus«, sagte Herr S., »Jesus liebt den Amandus und die Amanda oder eben den Petrus vorleistungsfrei – den Natanaël auch, und natürlich auch den Feigenbaum und wer immer mit dem Feigenbaum gemeint ist ...«

Dann wurde er ganz nachdenklich und fügte hinzu: »Das kann in der Tat einen Menschen verändern ...«

Bevor ich erzähle, was er sonst noch gesagt hat, muss ich aber nochmal auf Bauer Lehmann und Bauer Schulze zurückkommen. Denn das Stichwort »vorleistungsfrei« erinnert mich daran, dass ich noch etwas zum Vergeben und Verzeihen sagen wollte. Es könnte nämlich sein, dass uns mal jemand vor folgende Frage stellt:

»Jesus liebt uns vorleistungsfrei, sagt ihr Kleinbauern. Hört sich ja gut an. Aber wie verträgt sich das damit, dass Jesus – laut Lukas – sagt: *Wenn dein Bruder sündigt, so weise ihn zurecht; und wenn er bereut, vergib ihm ...?* Ist das nicht ein Widerspruch? Knüpft er seine Liebe dann nicht doch an Vorleistungen, also an die Bedingung, dass zum Beispiel Bauer Lehmann sein Verhalten einsieht und sich bessern will?«

Wenn uns einer diese Frage stellt – und sie klingt ja recht ehrlich und ernsthaft –, dann sollten wir ihm auch eine Antwort geben. Wir könnten, denke ich, ihm ungefähr folgendermaßen antworten: »Ja, Jesus liebt uns Menschen vorleistungsfrei. Genauso wie Gott uns vorleistungsfrei liebt. Und Gottes Liebe zu uns ist nicht an Bedingungen geknüpft, auch nicht an die Bedingung, dass wir erst unsere Untaten bereuen und uns ändern ...«

Falls er daran doch ein bisschen zweifeln sollte, könnten wir auf Paulus verweisen: »Der Apostel Paulus, weißt du, der hat dasselbe gesagt. Der hat es so ausgedrückt: *Gott hat seine Liebe zu uns darin erwiesen, dass Christus für uns gestorben ist, als wir noch Sünder waren!«* – Wir können ihm auch noch die genaue Stelle dazusagen, damit er's glaubt: Römerbrief, 5. Kapitel.

Und dann werden wir ihm sagen: »Aber Gott hat uns ja nicht nur lieb – er will auch, dass wir frohe Menschen sind, dass wir Frieden im Herzen haben. Und Frieden im Herzen hat doch keiner, der zu einem andern sagt: ›Du blödes Rindvieh!‹ und solche Sachen!

Jedenfalls nicht, wenn er das immer wieder sagt und nicht aufhört, in seinem Herzen darüber nachzusinnen, wie er Leute vor anderen Leuten madig machen kann! Deshalb, verstehst du, deshalb ist es für Gott und für Jesus – na und für uns natürlich auch – so wichtig, dass der einsieht, wie daneben er denkt und handelt!«

»Lehmanns Frieden im Herzen, den lass mal Lehmanns Sorge sein!«, werden wir vielleicht zur Antwort bekommen. Lassen wir ihn bei seiner Meinung! Irgendwie hat er das mit der Liebe dann wohl doch noch nicht ganz verstanden, aber das kann ja noch werden! Außerdem sind wir noch gar nicht fertig mit dem, was wir zu sagen haben. Also weiter:

»Gott will selbstverständlich auch, dass Bauer Schulze nicht ständig beleidigt wird, noch dazu vor allen Leuten. Wenn nun aber Bauer Lehmann sein Verhalten nicht einsieht – was soll denn dann werden? Wenn der nicht einsieht, was er da anrichtet, dann wird er doch sein miserables Spielchen immer weiter treiben! Und dann würde alles noch viel schlimmer werden ... Deshalb, auch deshalb, verstehst du, ist es so wichtig, dass Bauer Lehmann sein Unrecht einsieht und sich ändert. Jesus will doch, dass die beiden sich versöhnen und wieder als gute Nachbarn miteinander leben können!«

»Und was Gott selbst betrifft«, so könnten wir dann noch hinzufügen, »da kannst du ganz beruhigt sein. In seinem göttlichen Herzen liebt er den Lehmann trotz aller Boshaftigkeit – also wirklich ohne jede Vorleistung von Lehmanns Seite her. Und genauso vorleistungsfrei liebt ihn Jesus. Aber jemanden ohne jede Vorleistung lieben, heißt doch noch lange nicht, ihm alles durchgehen lassen! Gott will doch, dass Bauer Lehmann ein bisschen – wenigstens ein bisschen – ein liebevollerer Mensch wird! Dass er ein bisschen wenigstens auch so denkt und fühlt und handelt wie Jesus. Weil er ihn eben wirklich liebt! Weil er will, dass aus dem was wird! Bei Gott und bei Jesus, weißt du, ist Liebe nicht das, was manche Leute Liebe nennen und damit doch bloß Friede-Freude-Eierkuchen meinen. Gott und seinem Jesus geht's um uns Menschen! Und zwar um jeden, um Lehmann genauso wie um Schulze. Und nicht nur um jeden einzeln, sondern er will auch, dass sie in guter Gemeinschaft miteinander leben! Deshalb, verstehst du, will Gott, dass wir unsere Boshaftigkeiten einsehen, sie bereuen und uns ändern. Das – das! – ist Liebe. Eine Liebe, die uns gerade dadurch, dass sie vorleistungsfrei ist, zum Guten verändern will. Und auch verändern kann!«

Ob's unserm Frager weiterhilft, wird sich ja zeigen. Versprechen kann ich's freilich nicht. Aber versuchen sollten wir's. Zur Sicherheit hier das Ganze aber nochmal mit den Worten von Herrn S., denn über Bauer Schulze und Bauer Lehmann haben wir natürlich ebenfalls gesprochen. Herr S. ist ja außer Städter und Kleinbauer auch noch Professor für Strafrecht und beschäftigt sich sehr viel mit solchen Konflikten. Als er mir sagte, was er darüber denkt, konnte ich ihm gar nicht so schnell folgen. Deshalb bat ich ihn, mir das alles doch am besten mal aufzuschreiben. Und bloß gut, dass ich ihn darum gebeten habe! So kann ich seine Gedanken – eigentlich ist es ein kompletter Vortrag geworden – hier mit anfügen, und wir können sie dem einen oder anderen Gesprächspartner bei passender Gelegenheit mal vorlesen; dann hört er's nochmal aus berufenem Munde! Also, Herr S. schreibt:

»Wo das Zusammenleben der Menschen dadurch gestört wird, dass einer den anderen verletzt (hat), will Gott helfen, diese Beziehung zu heilen. Das geschieht durch Versöhnung, und für die braucht es beide: den Täter, der bereut, und das Opfer, das vergibt. Wenn das Opfer immer nur zu allen Demütigungen Ja und Amen bzw. ›Ich verzeihe dir immerimmerimmer‹ sagt, wird diese Beziehung nicht in Ordnung kommen. Für Versöhnung als das letztlich angestrebte Ziel ist also Reue unverzichtbar. Allerdings ist die Vergebung von der Versöhnung zu unterscheiden. Die Vergebung ist (ebenso wie auf Seiten des Täters die Reue) ein höchstpersönlicher innerer Akt, der nicht erzwungen werden kann, aber auch nicht von irgendwelchen Bedingungen abhängig gemacht werden sollte. Dass Vergebung ohne vorherige Bitte um ein Verzeihen möglich ist, kann man schon in der Bibel lesen: Wenn Jesus und Stephanus im Angesicht des Todes für ihre Peiniger beten, diese Sünde solle ihnen nicht angerechnet werden, dann kommt darin ihre Bereitschaft zur Vergebung zum Ausdruck, ohne dass sie vorher fragen, ob die Täter das Unrecht ihres Handelns eingesehen haben. Und wenn der Täter ohne vorherige Reue gestorben ist, wird man die nachträgliche Vergebung durch das Opfer wohl auch sofort für zulässig halten. Das sind aber nicht nur Ausnahmekonstellationen, sondern hier zeigt sich, dass Vergebung erst einmal vom Täter unabhängig zu denken ist. Vergeben zu können ist auch für denjenigen, der das Opfer ist, eine große Chance: Er kann dann aktiv mit seiner Verletzung umgehen und sie auf diese Weise besser überwinden. Dass er vergeben kann, ist ein Geschenk Gottes an ihn – ein Weg zur Heilung, der besser ist als die Alternative der Verdrängung. Aber nicht nur das; wenn er spürt, dass er in seinem Herzen verzeihen kann, dann macht das was mit ihm: Indem sich seine inneren Verhärtungen und Verkrustungen zu lösen beginnen, macht er die Erfahrung, dass uns das Reich Gottes tatsächlich nahe, ja schon jetzt in die Hand gegeben ist und dass die Seligpreisungen der Bergpredigt wahr sind. In diesem Geschenk kann er sogar etwas über Gott lernen: ›Wenn schon ich als Mensch‹, kann er sich dann sagen, ›vorleistungsfrei vergeben kann, dann muss ich es doch erst recht auch Gott zutrauen!‹ Und wenn wir auf unseren Täter schauen: Ja, es besteht die Gefahr, dass er eine Vergebung ohne Reue für die Fortsetzung und vielleicht sogar vertiefende Wiederholung seines Tuns dreist ausnutzt, indem er sich durch das Nachgeben des Opfers geradezu bestärkt fühlt. Vielleicht befähigen ihn aber auch umgekehrt gerade erst die Vergebung und die hierin möglicherweise enthaltene Versöhnungsbereitschaft zur aufrichtigen Reue oder dazu, die schon vorher in seinem Herzen aufkeimende Reue nun zum Ausdruck zu bringen.«

Wie gesagt, als Herr S. mir das alles vortrug – mündlich war's noch viel ausführlicher und er hatte sich richtig in Schwung geredet! –, konnte ich ihm gar nicht so schnell folgen. Nun haben wir's schriftlich und können es ja gleich noch einmal lesen, ganz langsam, Satz für Satz am besten ... – Mir fällt dazu noch

die Geschichte vom Zachäus

ein, der auf einen Feigenbaum klettert. Genauer: auf einen *Maulbeerfeigenbaum*, wie Lukas im 19. Kapitel schreibt. Herr S. hatte ja gesagt: Wie Jesus mit den Leuten umgeht, »das kann in der Tat einen Menschen verändern ...«. Und Zachäus, der hat sich verändert! Und wie der sich verändert hat!

Zachäus war auf seinen *Maulbeerfeigenbaum* geklettert damals in Jericho, um Jesus von dort oben aus besser sehen zu können. Denn er war *klein von Gestalt*, wie Lukas erzählt. Außerdem war er *Oberzöllner*: einer, der bei den kleinen Leuten, die etwas verkaufen wollen – zum Beispiel was sie gewebt und genäht oder was sie angebaut und geerntet haben –, die Steuern für die Handelswaren eintreibt oder eintreiben lässt. Und er war *sehr reich*: Weil er die Leute betrog und weil er die zu viel eingetriebenen Steuern in die eigene Tasche wirtschaftete.

Was dann geschah, als er dort oben auf seinem Maulbeerfeigenbaum saß, das ist uns bekannt – wer kennt schon die Zachäusgeschichte nicht! Aber ich schreibe sie trotzdem mal ab. Und zwar aus der ZÜRCHER BIBEL. Das ist die Bibel, die natürlich nicht nur auf der Alm gelesen wird; sie liegt auch in den Nachttischschubfächern der Schweizer Hotels – damit diejenigen darin lesen können, die aus aller Herren Länder dort übernachten, um anderntags heimlich ihre Geldscheinkoffer zur Bank zu bringen ... Also, was dann geschah, liest sich in der ZÜRCHER BIBEL so:

Als Jesus an die Stelle kam, schaute er nach oben und sagte zu ihm: Zachäus, los, komm herunter, denn heute muss ich in deinem Haus einkehren.

Und der kam eilends herunter und nahm ihn voller Freude auf.

Und alle, die es sahen, murrten und sagten: Bei einem sündigen Mann ist er eingekehrt, um Rast zu machen.

Zachäus aber trat vor den Herrn und sagte: Hier, die Hälfte meines Vermögens gebe ich den Armen, Herr, und wenn ich von jemandem etwas erpresst habe, will ich es vierfach zurückgeben.

Diese Begebenheit spricht für sich. Nur so viel noch dazu: Bei diesem kleinen reichen Giftzwerg hatte Jesus nicht nur keine »Vorleistungen«, sondern sogar recht unrühmliche Fehlleistungen vorgefunden! Die ganze Stadt sprach davon, was der sich so leistete, und das war auch Jesus zu Ohren gekommen. Aber der Zachäus hat sich eben geändert! Er hat sein schäbiges Verhalten eingesehen und eine echte Kehrtwendung gemacht. Wie's aussieht, musste ihn Jesus nicht einmal zurechtweisen – er hat es von ganz allein kapiert, als Jesus zu ihm aufschaute!

Was für Augen werden sie gemacht haben, die Leute aus Jericho, als Jesus dann der »kleinen Gestalt« neben sich die Hand auf die Schulter legte, sie alle anstrahlte und ihnen zurief: *Heute ist diesem Haus Heil widerfahren, denn auch er ist ein Sohn Abrahams.*

Übrigens, erwähnenswert ist vielleicht noch, dass das Wort »vorleistungsfrei«, genauer betrachtet, gar nicht von Papst Benedikt selbst stammt. Das ließ mich neulich eine junge Kleinbäuerin wissen, die gerade ihre theologische Doktorarbeit schreibt. Denn ich hatte in meinen Vorträgen immer gesagt, dass der jetzige Papst

der Schöpfer dieses schönen Wortes

sei; weil es mir in seiner Enzyklika zum allerersten Mal begegnet war und vorher noch nie. Nein, stimmt nicht, schrieb mir nun die junge Kollegin. So ähnlich, fast mit derselben Wortwahl, hätte schon weit vor Papst Benedikt auch ein anderer von Gott gesprochen:

ein Berliner Professor für Neues Testament mit Namen Klaus Kliesch. Der hätte schon vor über zwanzig Jahren in einem theologischen Aufsatz geschrieben: Gott liebt uns »vor aller Leistung und trotz aller Schuld«. Da war ich platt! Nicht wegen unserm Papst, nein, sondern weil mir der Name Klaus Kliesch schon lange bekannt war! Die Leute aus Berlin – unser Kloster liegt ja direkt vor den Toren Berlins, und da hört man natürlich manchmal so manches ... –, die Berliner also, die reden nämlich oft von Klaus Kliesch. Nur sagen sie nicht Professor Kliesch, sondern Pfarrer Kliesch. Und das kam so:

Mitte der 1980er-Jahre war der alte Pfarrer der katholischen Gemeinde in Berlin-Kreuzberg gestorben. Im Erzbischöflichen Ordinariat munkelte man: »Die Stelle brauchen wir gar nicht erst auszuschreiben, da geht sowieso keiner hin!« Als Professor Kliesch das hörte, bewarb er sich umgehend und wurde Gemeindepfarrer in Deutschlands berüchtigtstem Stadtviertel. Karriere nach unten. Freiwillig. Obdachlose, Punker, arbeitslose Asylanten, Hausbesetzer und Ladenplünderer prägten dieses Stadtviertel Berlins – und nun bald auch die Gottesdienste, die bisher nur von anständigen Christen besucht worden waren ...

Was der neue Pfarrer ihnen sagte? Ihnen allen, den echten Katholiken und den zwielichtigen Gestalten? »Gott liebt euch vor aller Leistung und trotz aller Schuld!« Und so handelte er auch. Er wies sie so manchmal zurecht, die echten Katholiken zum Beispiel ..., aber meistens schaute er einfach zu ihnen auf, zu den zwielichtigen Gestalten zum Beispiel – wie Jesus zu Zachäus aufschaute ... Und sie alle, die Echten und die Zwielichtigen, merkten, dass er sie liebt ... Was Pfarrer Kliesch für diese Gemeinde und für das gesamte Viertel tat, das wissen die Berliner heute noch! Auch die, die über seinen »Umgang« die Nase rümpfen, heute noch.

Aber wieder zurück zu Herrn S., ich habe unser Gespräch ja noch nicht zu Ende erzählt. Herr S. sagte mir nämlich noch: »Wenn Gott uns vorleistungsfrei liebt«, sagte er, »dann müssten doch auch wir

Gott vorleistungsfrei lieben

– jedenfalls uns darum bemühen.« Ehrlich: Einen solchen Fortgang unseres Gesprächs hatte ich nicht erwartet! Gott – Gott vorleistungsfrei lieben? Gott? Wo hatte er denn das her?

Und dann kam ein Satz, wie ihn nur Gelehrte zu formulieren vermögen, und zwar solche, die Kleinbauernverstand haben:

»Liebe zielt ja auf das Wesen des anderen, nicht auf das, was er tut; um seiner selbst willen ist Gott es wert, von uns geliebt zu werden, nicht aufgrund dessen erst, was er für uns leistet, was er für uns tut und was er uns gibt.« – Sprach's und zog sich still in unsere Klosterkirche zurück ...

Ich lasse hier mal wieder ein paar Zeilen Stille. Ein bisschen Stille, damit auch wir Gott und seinem Jesus sagen können, was sie uns wert sind ...

... Gott und seinem Jesus sagen, was sie uns wert sind. Was sie – sie – uns wert sind? Es zu beiden sagen? Kann man denn

zu zweien beten?

– zu Gott und zu Jesus? Muss man etwa sogar, wenn man Christ ist, zu zweien beten? Aber: Wenn ja, wie denn? Und wenn nein, zu wem von beiden soll ich dann beten?

Wenn sich jetzt die Stille-Zeilen von Seite 62 aus allen Exemplaren dieses Buches treffen könnten und einander erzählen würden, was los war während der Stille in den Leserköpfen, dann würden sie einander ganz bestimmt auch von Leuten erzählen, die solche Fragen hatten oder solche Fragen irgendwie fühlten. »Ach, bei dir war's auch so?«, würde so manche Stille-Seite zur andern Stille-Seite sagen ...

Ich erinnere mich, dass ich vor genau diesen Fragen auch einmal stand. Da war ich vierzehn. (Ich meine richtig vierzehn, ein David bin ich nie gewesen.) Ich war gerade in eines der beiden kirchlichen Seminare eingetreten – »Vorseminar« wurden sie genannt –, in denen man damals in der DDR Abitur mit Latein und Griechisch machen konnte, um sich auf das Theologiestudium vorzubereiten. In einer Andacht, zu der wir in der Hauskapelle versammelt waren, beteten wir zu Gott, dem Vater, und dann sagte der Priester: »Lasset uns nun auch zu Jesus Christus beten! Er möge uns ...« Und da war es plötzlich da, das Problem!

Wieso noch extra zu Jesus Christus beten, fragte ich mich. Bisher hatte ich immer zu Gott gebetet, wenn ich betete. Gut, in den Gottesdiensten zu Hause gab es auch Gebete, bei denen Gott mit »Jesus Christus« angeredet wurde. Aber dass der liebe Gott und Jesus Christus zwei Verschiedene sind, das war mir bis dahin nicht bewusst gewesen. Auch vor dem Kreuz, das in unserer Wohnstube hing, hatte ich zu Gott gebetet. Jesus Christus und Gott, das sei ein und derselbe, hatte ich immer gedacht. Im Religionsunterricht hatten wir doch gelernt, dass Jesus der Mensch gewordene Gott ist. Auf Erden, so dachte ich, war Gott also Mensch und hieß Jesus Christus oder Sohn Gottes oder der Herr, und im Himmel, nach seiner Himmelfahrt, hieß er wieder Gott. Und nun ging mir plötzlich auf, dass Gott und Jesus Christus zwei sind, eben Gott und der Sohn Gottes. Der Priester da vorn an den Altarstufen hatte völlig recht!

Es kann ja gar nicht anders sein, sagte ich mir. Denn auch Jesus hat auf Erden gebetet – zu Gott, den er *Vater im Himmel* nannte. Wäre Jesus derselbe wie Gott gewesen, dann hätte er ja zu sich selbst gebetet. Aber das hat er nun wirklich nicht gemacht! Also sind Gott und Jesus, der jetzt der auferstandene Jesus ist, zwei Personen.

Diese Einsicht kam spät, aber sie leuchtete ein. Nur mit dem Beten, wie gesagt, da hatte ich nun ein Problem! Dasselbe Problem, das offenbar viele Menschen haben: Zu wem von den beiden soll ich denn nun beten?

Doch es sollte alles noch schwieriger werden. Denn da war noch der Heilige Geist. Auch zu ihm hatte ich schon als Kind gebetet. Immer auf dem Weg zur Schule (wenn ich es nicht vergaß), damit er mich erleuchte beim Lernen. So hatte es mich von der ersten Klasse an meine Mutter gelehrt. Sie hatte mir auch gesagt: »Der Heilige Geist setzt sich aber nicht auf die Löcher in deinem Kopf!« Lernen müsse man selbst, hatte sie mir eingeschärft, meistens dann, wenn ich keine Lust auf Hausaufgabenmachen hatte und lieber Kühe hüten, Schweineställe ausmisten, rumbasteln oder Bücher lesen wollte. Der Heilige Geist würde mich an das Gelernte erinnern, wenn der Lehrer danach fragt, sagte sie. »Aber deine Faulheit unterstützt er nicht!«

Nun, für diese Unterweisung bin ich meiner Mutter heut noch dankbar. Nicht auszudenken, was aus mir geworden wäre, hätte sie mir diese Glaubensgrundregel nicht beigebracht! Aber auch der Heilige Geist war für mich irgendwie derselbe wie der liebe Gott. Dass er ebenfalls eine eigene Person ist, eine andere als Gott und als Jesus, das wurde mir erst allmählich bewusst, und ich begann zu begreifen:

Gott – das sind ja drei!

»Ein göttliches Wesen in drei Personen«, hieß die Formel, die ich nun im Vorseminar immer wieder einmal hörte. Zwar verstand ich nicht, wie 1 = 3 sein sollen – wo mir doch die höhere Mathematik ohnehin nicht sonderlich lag! –, aber wenigstens war jetzt klar für mich, dass nach kirchlicher Lehre alle drei Gott sind und dass man, wenn man betet, jeden der göttlichen Drei ansprechen kann.

Kann. Aber – muss man das auch? Also nicht nur zu zweien, sondern zu dreien beten? Ich tat's jedenfalls.

Ich betete: »du, Vater«, »du, Jesus« und »du, Heiliger Geist«. Mal zu dem einen, mal zu dem anderen. Meistens zu Gottvater. Wenn ich über Jesus nachgedacht oder von ihm gelesen hatte, auch zu Jesus. Zum Heiligen Geist, ehrlich gesagt, nur in besonders kniffligen Situationen, vor allem vor den Mathearbeiten, und dann aus allertiefstem Herzen vor den Prüfungen zum Abitur – was auch geholfen hat. Und irgendwie war mir beim Beten klar, dass die jeweils anderen beiden sowieso immer mithören, wenn ich zu einem bete, und dass sich keiner der Drei von mir benachteiligt fühlt.

Mein Problem, das Problem mit dem Beten zu zweien, ja zu dreien, war damit fürs Erste gelöst. Aber im Kopf, da kreisten die Gedanken weiter. Ein Gott in drei Personen – wie soll denn das einer verstehen!

Einmal, es war am Sonntag nach Pfingsten, der »Dreifaltigkeitssonntag« heißt, setzte ich meine ganze Hoffnung auf den Prediger. Doch der begann seine Ansprache mit den Worten: »In Andacht Versammelte! Die Dreifaltigkeit Gottes ist ein tiefes Geheimnis. Wenden wir uns heute einmal der Mission in Papua-Neuguinea zu ...« – Wieder nichts! Das tiefe Geheimnis blieb mir weiterhin ein Rätsel.

Ein andermal, als wir im Vorseminar einen Besinnungstag hatten, hielt uns ein Geistlicher drei Vorträge über die Heiligste Dreifaltigkeit, zwei am Vormittag und einen am Nachmittag. So viele theologische Fremdwörter, wie er sie an einem einzigen Tag zu benutzen verstand, hatte ich bis dahin noch nie gehört. »Großartig, großartig hat er gesprochen!«, meinte ein anderer Geistlicher, der mit uns zugehört hatte. Das hab ich dem ja auch geglaubt. Nur ging es mir damals wie dem Fallschirmspringer, von dem ich einmal – viele Jahre später – in einem JAHRBUCH für Theologen las. Ich habe dieses Buch noch, also schreib ich die Geschichte – aus Indien soll sie stammen – hier einfach mal ab:

Ein Fallschirmspringer wurde von einem heftigen Sturm überrascht, der ihn weit von seinem Zielort forttrieb. Er landete schließlich in einem Baumwipfel und war glücklich, dass sein Leben gerettet war. »Können Sie mir sagen, wo ich bin?«, fragte er, von der Baumkrone herab, einen vorübereilenden Bewohner dieser unbekannten Gegend. »Sie sind auf einem Baum«, erhielt er zur Antwort. Der Fallschirmspringer hoch oben lachte: »Sind Sie Theologe?« Darüber sehr erstaunt, fragte der Mann zurück: »Ja, das bin ich, aber woher konnten Sie das wissen?« Der Fallschirmspringer antwortete: »Oh, das ist einfach. Weil das, was Sie sagen, richtig ist, aber nutzlos!«

Selbst im Theologiestudium dann, das geb ich ehrlich zu, habe ich mehrere Semester gebraucht, um wenigstens zu ahnen, was Worte wie »Hypostase«, »substantielle Wesenseinheit«, »Hauchung«, »Hervorgänge« oder »ökonomische Trinität« und »immanente Trinität« bedeuten. Und noch länger habe ich gebraucht, um einigermaßen dahinterzusteigen, was ein Augustinus oder ein Richard von St. Viktor gemeint haben mit ihren Lehren über die Dreieinigkeit, die sie einst – für mich in grauer Vorzeit – zu Papier gebracht hatten. Oft habe ich damals an meinen Vater denken müssen. Der hatte mir einmal gestanden, als ich ihm sagte, ich wolle gern Priester werden: »Als ich so alt war wie du, Junge, da wollte ich auch gern Pfarrer werden. Aber der Kopf! Mein Kopf hätte dafür nicht getaugt! Was man da alles lernen muss ...« Na sehr schön, habe ich in den Vorlesungen so manchmal bei mir gedacht – aber mein Kopf, der muss dafür taugen! Nun, mit Mutters Glaubensgrundregel, was den Heiligen Geist betrifft, und Vaters praktischer Vernunft zusammen ging's ja dann irgendwie ...

Ich könnte jetzt alles hier hinschreiben, was ich damals während des Studiums über die Dreifaltigkeit gehört und auch später noch in etlichen Büchern gelesen habe. Die Hauptgedanken wenigstens. Und das habe ich tatsächlich auch vor. Denn wichtig ist das alles für unseren Glauben schon! Nur denke ich, Jesus wird es recht sein, wenn ich auch das in seiner Kleinbauernsprache wiedergebe. Das ist für Dorfleute, Städter, Benediktiner, echte Karmeliten und sonstige Kleinbauern verständlicher, wie ich aus eigener Erfahrung weiß. Und Großbauern interessieren sich ja meistens sowieso nicht dafür. Außerdem kann ich mich dann kurzfassen – so, wie Jesus auch. Bei ihm lag immer die Würze in der Kürze, und daran hält er sich heute noch. Als Erstes will ich die Geschichte erzählen. Ich bin nämlich überzeugt, dass diese Geschichte der auferstandene Jesus irgendwann mal selbst irgendwelchen Leuten ins Herz gesagt hat. Vielleicht war es auch der Heilige Geist, vielleicht auch Gottvater persönlich. Aber das genau zu unterscheiden, ist wirklich nicht nötig, da ja, wenn sie ein einziger Gott sind, alle drei ohnehin dasselbe sagen. Und wem sie's gesagt haben, müssen wir auch nicht näher erforschen, denn wenn sie einem Menschen etwas ganz besonders Wichtiges sagen, ist es sowieso immer für alle Menschen bestimmt. Also, die Geschichte geht so:

Als Bischof Augustinus – in Hippo hat er gelebt im vierten Jahrhundert, einer Küstenstadt im heutigen Algerien – an seinem großen Werk über die Dreifaltigkeit schrieb, ging er eines Tages arg grübelnd am Mittelmeerstrand entlang. Dort begegnete er einem Jungen. Der hatte sich eine kleine Sandgrube gemacht und löffelte mit den Händen Wasser aus dem Meer hinein.

»Na, Junge, was machst du denn da?«, fragte ihn Augustinus, wie eben Bischöfe Ministranten so fragen.

»Ich schöpfe das Meer da rein«, antwortete der und zeigte auf seine Sandkuhle.

»Aber mein Junge«, sagte sein Bischof, »das ist doch unmöglich! Sieh mal, das Meer ist so groß, so tief und so weit, dass selbst das Auge nur einen ganz kleinen Ausschnitt davon erfassen kann.«

»Siehst du, Herr Bischof«, konterte der Junge, »und genauso wird es dir nicht gelingen, den dreifaltigen Gott in deinen Kopf reinzukriegen!«

Eine tröstliche Geschichte. Nicht nur für Theologiestudenten. Das Schlimme ist nur, dass Leute, die am Dreifaltigkeitssonntag lieber über die Missionierung der Papuas predigen, der Meinung sind, dies sei schon der Schluss dieser Geschichte. Denn in Wirklichkeit geht sie noch weiter. Jedenfalls muss sie im Herzen von Bischof Augustinus, der den auferstandenen Jesus seinen »inwendigen Lehrer« nannte, eine Fortsetzung gehabt haben. Sonst hätte er doch an seinem Dreifaltigkeitsbuch nicht weitergeschrieben!

Ich denke mir, Jesus, sein innerer Lehrer, muss nochmal auf das Gespräch mit dem Jungen zurückgekommen sein. Ungefähr so muss er zu Augustinus gesprochen haben, als der nach seinem Strandspaziergang in der Schreibstube wieder allein gewesen war:

»Überleg mal, mein lieber Amandus Augustinus: Hast du nicht dem Jungen nur die halbe Wahrheit gesagt? Wenn das Meer auch unausschöpfbar ist, so kann man doch zumindest hineinlaufen in das kühlende Nass, den Wellen entgegenschwimmen, untertauchen, das Wasser spüren und sogar im Munde schmecken ... Klar, du hast dann nicht das Meer ausgeschöpft, aber du hast eine Erfahrung mit dem Meer gemacht, die du nicht hättest, wärst du am Strand geblieben. Du weißt dann etwas vom Meer, was Wasserscheue und Landratten nicht wissen – und schon gleich gar nicht die Leute, die immer nur in irgendeiner Wasserpfütze baden. Du hast dann wenigstens einen Eindruck vom Meer gewonnen. Wenn auch nicht einen umfassenden, so doch einen durchaus richtigen ... Und ebenso ist es mit uns dreien, dem Abba, dem Heiligen Geist und mir, die wir zusammen der eine Gott sind. Du musst doch vor unserer Größe, Tiefe und Weite nicht kapitulieren – du kannst in uns ›hineinlaufen‹, dich von uns tragen lassen, deine Erfahrung mit uns machen. Du hast dann nicht das tiefe Geheimnis der Dreieinigkeit begriffen, dazu ist dein Kopf tatsächlich zu klein. Aber du hast eine Ahnung von unserem Geheimnis bekommen, und du weißt dann zumindest, in welche Richtung du von uns denken kannst ...«

So etwa muss der auferstandene Jesus zu Augustinus gesprochen haben. Fast »hochdeutsch« hat er in diesem Fall gesprochen, damit es Augustinus begreift, weil der ja ein Städter war. Und Augustinus hat dann tatsächlich weitergedacht – wirklich in die richtige Richtung! –, und er hat weitergeschrieben an seinem Dreifaltigkeitsbuch, Gott sei Dank!

Freilich, einen Fehler hat er gemacht bei seinen hohen Gedankenflügen: Er hat die Dreifaltigkeit mit seinem Kopf verglichen. Beziehungsweise mit dem, was er meinte, dass es im Menschenkopf drin sei. Wie der Geist eines Menschen, so schrieb er, aus Verstand, Wille und Gedächtnis, also aus drei verschiedenen »Seelenvermögen« bestehe, so würden die drei göttlichen Personen einen einzigen Gott bilden.

Wie der Geist eines Menschen ... – weiß der Kuckuck, wo er das herhatte! Der »inwendige Lehrer«, also der auferstandene Jesus, hatte ihm das bestimmt nicht gesagt! Denn da könnte man ja auf den Gedanken kommen, Gottvater hat Verstand, Jesus hat einen Willen und der Heilige Geist ein Gedächtnis. Aber Jesus hat durchaus selber Verstand – und was für einen! –, und wenn der Heilige Geist keinen hätte, dann könnte er uns ja gar nicht beim Lernen und bei Prüfungen erleuchten! Wenn Gott drei göttliche Personen sind, dann hat jede dieser drei göttlichen Personen Verstand, Wille und Gedächtnis. Jede. – Wirklich, das war kein guter Vergleich. Einige Künstler haben dann den Kopf, der Gott darstellen soll, wenigstens mit drei Gesichtern gemalt. Aber ich glaube, richtig beten konnte nie jemand vor solch einem Frankensteinkopf. Jedenfalls kein Kleinbauer.

Später gab es auch Künstler, die statt eines Kopfes einfach ein Dreieck gemalt haben mit einem großen Auge darin. Ein gleichschenkliges Dreieck natürlich. Die meinten, wenn sie die Formel 3 = 1 in die Geometrie übertragen, würden die Leute die Dreieinigkeit Gottes besser verstehen. Vielleicht gab's ja solche Leute, aber mir haben diese einäugigen Dreiecke überhaupt nicht weitergeholfen.

Neulich hat mich mein Freund Eberhard Tiefensee daran erinnert, dass es in der alten Klosterkirche von

Neuzelle auch so eine Dreifaltigkeitsdreieck-Darstellung gibt. Dort in Neuzelle, in der Nähe von Frankfurt an der Oder, hatten wir nämlich die letzte Station unserer Priesterausbildung. Am Altar der barock ausgestalteten Kirche, in der wir öfter mal Gottesdienst hatten, waren zwei Engel zu sehen: Der eine Engel hält dem anderen das Dreieck hin, und der zweite Engel tippt sich an die Stirn – der zeigt ihm einen Vogel!

Auch mein Freund Eberhard findet das herrlich, heute noch! Und der hat's inzwischen bis zum berühmten Theologie- und Philosophieprofessor gebracht!

Also, nichts gegen den heiligen Augustinus! Dass wir Christen unseren Gott, der »ein göttliches Wesen in drei Personen« ist, nicht für drei verschiedene Götter halten dürfen, das hat er schon richtig durchdacht. Wir sind keine »Tritheisten«, hat er gesagt. Und dass man das Leuten wie unsereinem mit Vergleichen verständlich machen muss, das hat er als Bischof auch richtig erkannt. Aber der Vergleich mit den »Seelenvermögen«, der ging daneben.

Andere Theologen in den frühchristlichen Jahrhunderten fanden einen viel besseren Vergleich. Einen, der in der Bibel steht, im Alten Testament. Die Theologen damals wussten ja auch schon, dass die Zahl Drei oft vorkommt in den Heiligen Schriften, und eine dieser Dreierstellen schien besonders passend als Bild für die göttliche Dreieinigkeit zu sein: eine Stelle im Buch Genesis beziehungsweise 1. Buch Mose, 18. Kapitel. Dort wird von Abraham und seiner Frau Sara erzählt, zu denen

hoher Besuch

kam. Abraham, so heißt es da, saß gerade vor dem Zelt, in dem er mit Sara wohnte. Es war zur Mittagszeit. Sehr sorgenvoll saß er da, denn noch immer hatten er und Sara den Sohn nicht bekommen, den Gott ihnen vor langer Zeit fest versprochen hatte. Inzwischen waren beide *schon alt* geworden; sie waren *in die Jahre gekommen* und *Sara erging es längst nicht mehr, wie es Frauen zu ergehen pflegt*. Als nun Abraham mal kurz aufblickte an jenem Mittag, sah er vor sich drei Männer stehen. Abraham ließ sie Platz nehmen unter einem Baum vor seinem Zelt und bewirtete sie. Und die drei Männer sagten ...

– nein, stopp! Im Bibeltext steht nicht: Und die drei Männer sagten ..., sondern: Und *der Herr* sagte. Die drei Männer reden also wie einer! Nicht wie irgendeiner, sondern sie sprechen als *der Herr*.

»Der Herr«, das ist natürlich Gott. Wörtlich steht im hebräischen Text: Jahweh beziehungsweise – weil ja die Hebräer die Vokale nicht mitschreiben – JHWH, also der Name des einen Gottes, an den das Volk Israel glaubt. JHWH ist eigentlich ein kleiner Satz und bedeutet ICH BIN DA. Abraham hatte sowieso gleich gemerkt, wer da zu Besuch gekommen war, und er hatte die drei Männer, schon als sie angekommen waren, sofort auch entsprechend angeredet. *Mein Herr* – also: *mein ICH BIN DA* –, hatte er zu ihnen gesagt, zu allen dreien zusammen.

Der eine Gott – in Gestalt von drei Männern. Also in Gestalt von drei Personen, nicht drei Seelenvermögen! Wirklich, das ist ein schöner und passender Vergleich, sagten sich diejenigen unter den frühchristlichen Bischöfen und Theologen, die das Kopfbild von Augustinus gar nicht so passend fanden. So, wie Gott bei Abraham und Sara zu Besuch war, sagten sie, so ist Gott immer da. Gott, das ist eine Gemeinschaft von dreien, die zusammen der eine Gott sind. Ein sehr schönes Bild! Und dieses Bild ließ sich natürlich auch gut malen, jedenfalls von Künstlern, die nicht bloß mit dem Lineal gleichschenklige Dreiecke zu zeichnen vermögen. Aber davon – und auch, wie das mit der »Gemeinschaft Gott« näherhin zu verstehen ist –, davon später. Erstmal will ich die Geschichte von Abraham und Sara und ihrem hohen Besuch zu Ende erzählen.

Also: *Der Herr* – noch immer in Gestalt der drei Männer – sprach zu Abraham: *In einem Jahr komme ich wieder zu dir, dann wird deine Frau Sara einen Sohn haben.*

Abraham hat ihm das auch geglaubt. Nur Sara nicht. Die hatte selbstverständlich vom Zelt aus heimlich mitgehört, und in der Bibel heißt es dann: *Sara lachte daher still in sich hinein und dachte: Ich bin doch schon alt und verbraucht und soll noch das Glück der Liebe erfahren? Auch ist mein Herr doch schon ein alter Mann!* Ich seh sie richtig vor mir, die Sara: In ihrem hohen Alter war sie wahrscheinlich so klein und sah so lieb aus wie meine Mutter, die kürzlich zusammen mit meinem Kleinbauernvater Diamantene Hochzeit feierte.

Der Herr hatte Saras stillheimliches Lachen natürlich gehört, er schaut ja jedem bis tief ins Herz hinein. Und darum sagte er zu Abraham: *Warum lacht Sara und sagt: Soll ich wirklich noch Kinder bekommen, obwohl ich so alt bin? ...*

Aber Gottes eigentliche Antwort auf Saras Lachen, die kam später. Zunächst geht die Geschichte – im 21. Kapitel – so weiter: *Sara wurde schwanger und gebar dem Abraham noch in seinem Alter einen Sohn zu der Zeit, die Gott angegeben hatte ... Abraham war hundert Jahre alt, als sein Sohn Isaak zur Welt kam.*

Und nun, nachdem der Sohn geboren ist, kommt sie, die Antwort auf Saras Lachen! Gottes Antwort. Aber die hat eine kleine Vorgeschichte, von der nur Abraham wusste, er ganz allein:

Schon im 17. Kapitel, also noch vor dem Besuch der drei Männer, hatte Gott dem Abraham gesagt – zum weiß ich wievielten Male schon! –, dass er ihm und Sara *einen Sohn geben* werde. Und damals, da hatte nämlich Abraham gelacht! In der Bibel heißt es: *Da fiel Abraham auf sein Gesicht nieder und lachte. Er dachte: Können einem Hundertjährigen noch Kinder geboren werden, und kann Sara als Neunzigjährige noch gebären?* Genauso steht es da. Es sind also nicht immer nur die Frauen, die manchmal nicht so richtig ernst bleiben können. Doch Gott hatte sich von Abrahams Zweifel selbstverständlich nicht irritieren lassen, von seinem Lachen sowieso nicht. Und dann hatte er zu Abraham gesagt: *Du sollst ihn* – den Sohn, den Sara zur Welt bringen wird – *Isaak nennen.*

Daran hat sich Abraham sofort erinnert, als er nun tatsächlich das lang ersehnte Söhnchen in seinen Armen hielt. Und *Abraham nannte* also *den Sohn, den ihm Sara gebar, Isaak.*

Das war sie, die Antwort Gottes! Und was haben die beiden da gelacht! Bloß kriegen wir Christen das beim Lesen dieser Bibelstelle gar nicht mit. Nur Juden, die Hebräisch können, die kriegen das mit. Der Name *Isaak*, den Gott dem Abraham genannt hatte, ist nämlich im Hebräischen auch wieder ein kleiner Satz, er bedeutet: *Gott lacht!* – und wir wissen ja: Wer zuletzt lacht, lacht am besten ...

Ich hab das lange Zeit auch nicht gewusst. Erst ein theologischer Kommentar zum Buch Genesis hat mich darauf gebracht. Aber seitdem ist mir klar, warum manche Juden viel mehr Humor haben als manche Christen. Und warum viele Christen denken, Jesus habe nicht gelacht. Ja, warum sie nicht einmal ein Osterlachen hinkriegen, ohne dass erst der Kaplan von der Kanzel einen Witz erzählen muss. Aber das kann sich ja ändern – schließlich hat doch Sara dann noch gesagt: *Gott ließ mich lachen, und* – jetzt kommt's! – *jeder, der davon hört, wird mit mir lachen …*

Gott jedenfalls hat gelacht. Das steht in der Bibel! Auf Hebräisch: *Isaak*. Und wenn Gott drei sind, der Abba, der auferstandene Jesus und der Heilige Geist, dann lachen also alle drei!

So, und nun zur »Gemeinschaft Gott«. Um dahinterzukommen, wie das gemeint ist mit dieser Gemeinschaft Gott, müssen wir unbedingt in Erinnerung behalten, dass Gott lacht. Denn nur wenn uns klar ist, dass die göttlichen Drei lachen können – aus allertiefstem göttlichen Herzen lachen können! –, dann verstehen wir auch, dass

Gott tanzt

– und das wiederum ist wichtig, um wenigstens eine kleine Ahnung davon zu bekommen, warum Gott eben ein dreieiniger Gott ist. Aber alles der Reihe nach, also:

Wie Gott Gemeinschaft ist, das können wir uns so vorstellen: Das Wort Gott, das ist bei Gott so etwas wie ein Nachname oder Familienname. Und so wie zum Beispiel zu Krügers oder Meyers mehrere gehören, so gehören zu »Gottens« drei. Sie heißen mit Vornamen Abba, Jesus und Heiliger Geist. Jeder der drei ist eine eigene Persönlichkeit, so wie Krügers Paul, Krügers Anni und Krügers Petra ja auch ganz eigene Persönlichkeiten sind. Aber alle zusammen sind sie Krügers.

Na gut, bei Krügers, die bei uns zu Hause im Dorf auf der anderen Straßenseite wohnten, gegenüber von unserem Hof, war nicht alle Tage Einigkeit. Bei uns ja auch nicht. Da hinkt natürlich mein Vergleich. Aber Krügers waren Krügers und zu Krügers gehörten drei.

Unser Gott, der ICH BIN DA, ist jedenfalls – das will ich mit der Formulierung »bei Gottens« sagen – nicht ein einsam dahinwesendes göttliches Wesen, sondern eine Gemeinschaft eben. Die alten Vätertheologen, die lateinisch sprachen, sagten, Gott ist eine communio – und auf Deutsch heißt das »Gemeinschaft«. Aber sie meinten selbstverständlich eine Gemeinschaft, in der sich alle einig sind. Nicht bloß manchmal, meistens oder öfter mal, sondern immer. Immerimmerimmer.

Und wie die Drei sich einig sind! Und wie! Ein unbekannt gebliebener Theologe, wahrscheinlich aus dem siebenten Jahrhundert, hat dafür einen schönen Vergleich gefunden; einen, der den Vergleich aus der Abrahamsgeschichte gut ergänzt:

Damals gab es im östlichen Mittelmeerraum nämlich einen Tanz, der hieß »Perichorese«. Mit diesem Tanz hatte der unbekannte Theologe seinen Leuten zu erklären versucht, wie die göttlichen Drei sich ganz einig sind. Ich nehme an, dass so ziemlich alle Leute diesen Tanz kannten, in den Dörfern wie in den Städten damals. Wenigstens vom Zuschauen. Ich hatte leider keine Tanzstunde, aber wenn ich mal getanzt habe und dabei der Dame oder sie mir auf die Zehen trat, dann wusste ich zumindest, wie Tanzen sein könnte. Könnte! Allein das zu wissen beziehungsweise zu ahnen, reicht schon, um mit diesem Vergleich etwas anfangen zu können. (Ich erwähne das, weil es ja vielleicht manchem ähnlich geht mit den Tanzerfahrungen wie mir.)

Bei diesem Tanz nun, der Perichorese, waren die Bewegungen von zwei Leuten so vollkommen aufeinander abgestimmt, dass man allein schon beim Zuschauen den Eindruck hatte: Die beiden sind sich total einig. Es ist, wie wenn einer tanzt – und doch sind es zwei. Das Wort Perichorese, ein griechisches Wort, heißt nämlich so viel wie: sich ganz ineinander einfühlen, bis ins Herz des anderen hindurchdringen, ja wie eins miteinander sein – so sehr eins, dass ein solcher Tanz möglich wird.

So miteinander eins sein, das ist klar, können selbstverständlich nur Leute, die auch aus tiefstem Herzen miteinander lachen können. Wenn zwei nicht zusammen von Herzen lachen können, sind sie doch nicht eins! Und nur zwei, die gemeinsam wie aus einem Herzen lachen können, nur die können auch tanzen, ohne einander auf die Zehen zu treten.

So – ungefähr so wie bei Leuten, die eine Perichorese tanzen können – muss es bei den göttlichen Dreien sein, dachte sich der altehrwürdige Theologe: In der Gemeinschaft Gott sind jeweils zwei so ganz einander zugewandt, so ganz miteinander auf Du und Du, dass sich einer aufs Tiefste in den anderen einfühlt, ja dass der eine wie im anderen lebt, ohne sich jedoch selbst zu verlieren und im anderen aufzugehen. Wie gesagt, ein bisschen so ist das ja auch zwischen zwei Menschen, die sich sehr gern haben. Vielleicht nicht sehr oft, aber immerhin manchmal. Und wenn das schon zwischen Krügers Paul und Krügers Anni manchmal so war – und davon bin ich überzeugt –, dann ganz bestimmt doch auch zwischen dem Abba und seinem Jesus, zwischen Jesus und seinem Heiligen Geist und zwischen dem Heiligen Geist und dem Abba! Ich darf doch

von Gott nicht kleiner denken als von Krügers

– sonst wär's ja, wie wenn ich in der Wasserpfütze baden würde statt im Meer! Und das wäre wirklich schlimm. Für's Meer wie für mich!

Ein Mönch in Paris, der nach der Ordensregel von Bischof Augustinus lebte – Richard von St. Viktor hieß er –, hat dann das Wort Perichorese später, im zwölften Jahrhundert, aufgegriffen und noch weiter darüber nachgedacht. Von dem Buch, das er geschrieben hat, sagen heute die Theologen, dass es das wichtigste und originellste Buch überhaupt über die Dreieinigkeit Gottes sei. Bei Gott, sagt der Augustinermönch, sind sich immer jeweils zwei nicht nur miteinander ganz einig, sondern sie sind sich zu zweit auch ganz einig darin, sich gemeinsam dem jeweils Dritten zuzuwenden: der Abba und Jesus in der Liebe zu ihrem Heiligen Geist, Jesus und der Heilige Geist in der Liebe zu ihrem Abba, der Heilige Geist und der Abba in der Liebe zu ihrem Jesus. Immer zwei haben einen »condilectus«, schreibt er, einen »Mitgeliebten«. Jeder in der Gemeinschaft Gott ist also ein total Liebender – selbstverständlich ein total vorleistungsfrei Liebender –, jeder ist ein Geliebter, und jeder ist ein Mitgeliebter.

Das klingt jetzt vielleicht doch ein bisschen schwierig. Mein Vater würde sagen: »Das ist mir alles viel zu hoch, wie du redest, Junge! Da kommt mein Kopf nicht mit ...« Aber ich kann's ihm mit einem ganz praktischen Beispiel erklären: »Sieh mal, ihr beiden wart euch doch auch immer einig in eurer Liebe zu uns Kindern. Und wenn ich heute erlebe, wie ihr euch zusammen an eurem Urenkel freut, dann ist das auch wieder so. Auch ihr seid euch also zu zweit eins in der Liebe zu einem Dritten. Und genauso ist es bei Gott. Bloß dass es bei Gott keine Kinder und Urenkel gibt, sondern jeder der göttlichen Drei ist ein richtig erwachsener Gott ...«

Oder meine Nichte zum Beispiel, also die Enkelin meiner Eltern, und ihr Mann. Die sind ganz begeistert von einem Spruch, den der Schriftsteller Antoine de Saint-Exupéry mal gesagt hat: »Liebe besteht nicht darin, dass man einander ansieht, sondern, dass man gemeinsam in die gleiche Richtung blickt.« Wenn also zwei nicht nur in der Liebe zueinander eins sind, sondern wie mit beiden Herzen zusammen »in die gleiche

Richtung« schauen, dann ist das erst so richtig Liebe. Wenn sich meine Nichte und ihr Mann zum Beispiel gemeinsam an ihrem Kind freuen. Aber auch, wenn sie gemeinsame Freunde haben.

Ich persönlich glaube ja, am tiefsten ist es so richtig Liebe zwischen zwei Menschen, wenn sie gemeinsam die Kleinbauernsprache Jesu verstehen. Und wenn beide Herzen wie mit einem Herzen den auferstandenen Jesus zum Freund haben. Nicht zuletzt deshalb bin ich auch felsenfest davon überzeugt, dass Jesus als auferstandener Jesus Kleinbauer geblieben ist; sonst könnten doch sein Abba und sein Heiliger Geist nicht so überaus glücklich sein, mit beiden Herzen gemeinsam ...

Und noch etwas muss ich an dieser Stelle loswerden. Es gibt ja immer wieder mal Leute, die an irgendeinem Punkt »Ja, aber ...« sagen. Sie reden ungefähr so:

»Gottvater, der ist Gott, klar. Jesus, der ist nicht dieselbe Person wie Gottvater, sonst hätte er zu ihm nicht ›du, Abba‹ sagen können, auch klar. Und dass dieser Jesus, so wie der war, mehr als ein Mensch ist, also ebenfalls Gott ist an der Seite Gottvaters, auch das ist irgendwie noch klar. Gott, das sind demnach zwei. Diese beiden sind sich total einig in der Liebe zu einem Dritten – das kann nicht anders sein, wenn es, wie du sagst, schon ein bisschen auch bei Krügers so ist. Auch das ist also klar. Aber ...« – und nun kommt das Aber:

»Aber der Heilige Geist – warum ist denn der Heilige Geist dieser Dritte? Warum

– wo doch Jesus und sein Abba als ›Dritten‹ uns Menschen haben! Warum dann noch den Heiligen Geist?!«

Die Leute, die so fragen, wissen nämlich meistens, dass der Heilige Geist schon im Alten Testament vorkommt und dass er in diesen heiligen Schriften noch nicht als eine eigenständige Person angesehen wird. Dort ist der *Geist Gottes* so etwas wie der gute Geist, der von jemandem – in diesem Fall von Gott – ausgeht. So etwas wie die liebevolle Gesinnung, die Gott hat. Oder die lebendig machende Kraft, die von Gott her in die Welt kommt. Es ist im Alten Testament also noch die eine göttliche Person selbst – mit dem Namen ICH BIN DA –, die den Menschen beim Lernen und so weiter erleuchtet. Wie aber kann es dann sein, fragen solche Leute, dass dieser Geist nun bei uns Christen eine eigenständige Person geworden ist, die zusammen mit dem Abba und Jesus zur Gemeinschaft Gott gehört?

Ehrlich gesagt, ganz genau kann ich diese Frage auch nicht beantworten. Wüsste ich die Antwort, dann hätte ich das große, tiefe, weite göttliche Meer durchschwommen und nach allen Seiten und Tiefen hin erkundet. Hab ich aber nicht. Und kann ich auch nicht. Dafür ist mein Kopf wirklich zu klein. Ich kann nur ahnen – ahnen –, warum der Heilige Geist, ausgerechnet der Heilige Geist, als dritte Person zur dreieinigen Gemeinschaft Gott gehört. Ich ahne es so:

Wenn Gott, wie der Papst und der Erste Johannesbrief sagen, »die Liebe ist«, wenn er also absolut total liebt, wie Jesus es uns klargemacht hat, dann kann Gott nicht nur aus einer Zweier-Gemeinschaft bestehen. Eben weil so richtige Liebe erst dann da ist, wenn zwei eins sind in der Liebe zum Dritten. So weit, so gut.

Wenn nun aber der Dritte ich wäre – ich, oder von mir aus alle Menschen, die je gelebt haben, leben und noch leben werden –, dann wären der Abba und sein Jesus ganz schön arm dran. Weil jeder von uns allen nur so mitlieben kann wie zum Beispiel Amandus oder Amanda oder Simon Petrus: nämlich sehr, sehr unvollkommen. Also, sage ich mir, muss der Dritte eine vollkommene, eine göttliche Person sein. Nur eine solche göttliche Person kann für Jesus und seinen Abba ein »condilectus«, ein wirklicher, ihnen ebenbürtiger Mitliebender sein.

Das ist erstmal das, was ich ahne und was mir auch irgendwie einleuchtet. Aber diese Gedanken sind natürlich nicht erst mir eingekommen – die hatten auch schon die frühen Christen. Leute wie Amandus und Amanda und so. Und als die sich dann fragten, wer dieser göttliche Dritte sein könnte, kamen sie auf den Heiligen Geist. Ist ja auch verständlich, denn sogar Jesus selbst hatte doch – wir erinnern uns, siehe Jesus-für-Kleinbauern-Buch Nummer zwei – vom Heiligen Geist wie von einer göttlichen Person gesprochen. Als er ihn den *Anwalt* nannte, hatte er von ihm gesagt, dass ihn *der Vater in meinem Namen senden wird,* ja dass er ihn uns vom Vater aus senden werde – so steht's im 14. und 15. Kapitel des Johannesevangeliums.

Anders gesagt: Jemand anderes als der Heilige Geist wäre gar nicht in Frage gekommen! Der Dritte – der Dritte, der ein göttlicher, vollkommen Mitliebender sein muss – konnte gar niemand anderes sein als der Heilige Geist! Auch das leuchtet mir ein. Aber ich geb's zu: Von allein wäre ich darauf nicht gekommen. Bloß gut, dass wir uns den Glauben nicht selbst ausdenken müssen!

Spätestens als dann Matthäus sein Evangelium schrieb – das muss um das Jahr 90 gewesen sein, sagen die Experten –, war wohl den meisten Christen klar: Gott, das ist eine Gemeinschaft, zu der außer Jesus und seinem Abba auch der Heilige Geist gehört. Denn in diesem Evangelium, im letzten Kapitel, steht: Wenn man jemanden tauft, also wenn jemand Christ werden will, dann soll man ihn taufen *auf den Namen des Vaters* (das ist der Abba) *und des Sohnes* (das ist Jesus) *und des Heiligen Geistes.* Und als dann im vierten und fünften Jahrhundert die ersten Konzilien der Kirche stattfanden, wurde das auch so ins Glaubensbekenntnis aufgenommen.

Glaubensbekenntnis – ein wichtiges Stichwort! Dazu muss ich unbedingt auch noch etwas sagen. Weil das, was über die Dreieinigkeit Gottes im Glaubensbekenntnis steht, nämlich sehr wichtig und auch sehr hilfreich ist. Ich meine das,

– nicht das, was da mal wieder ein paar Übersetzer draus gemacht haben. Ursprünglich wurde ja der Text auf Lateinisch gebetet, weil damals, im vierten und fünften Jahrhundert, die Muttersprache der meisten Christen, jedenfalls im westlichen Mittelmeerraum, Latein war. Genauer gesagt, gibt es zwei Glaubensbekenntnisse, das kleine und das große. Das kleine Glaubensbekenntnis ist bekannter, denn das beten katholische wie auch evangelische Christen in der Regel an jedem Sonntag im Gottesdienst. Im großen Glaubensbekenntnis, das viel seltener gebetet wird, steht selbstverständlich dasselbe, nur ausführlicher. Also, mit dem Übersetzungsfehler verhält es sich so:

In beiden Glaubensbekenntnissen heißt es im deutschen Text: »Ich glaube ...«, und dann kommt: »... an Gott, den Vater«, ein paar Zeilen später: »... an Jesus Christus« und schließlich: »... an den Heiligen Geist«. Von allen dreien ist also die Rede, genauso wie schon zur Zeit des Matthäus beim Taufen. Bei jedem der göttlichen Drei folgen dann noch ein paar weitere Zeilen; die beschreiben etwas genauer, wer der jeweilige ist. Und nun kommt das Problem:

»Ich glaube an Gott, den Vater« und so weiter – das hört sich so an, als ob gemeint sei: Ich glaube, dass es Gott, den Vater gibt, dass es Jesus Christus gibt und dass es den Heiligen Geist gibt. Das so zu verstehen ist ja auch nicht falsch. Daran glauben, dass es Gott gibt, das muss man schon – und zwar mit allen drei Seelenvermögen, auch mit dem Verstand natürlich, sonst wär's nämlich kein Glaube! Aber: Die lateinische Formulierung »Credo in ...« bedeutet gar nicht: »Ich glaube, dass es ... gibt.« Sie bedeutet etwas viel Tieferes! Doch um das näher zu erläutern, muss ich jetzt mal auf den Lateinunterricht zurückgreifen, den ich im Vorseminar hatte.

Damals haben wir gelernt, dass das lateinische Wort »in« mit dem vierten Fall (wir mussten immer »Akkusativ« sagen) nicht »an ...« heißt, sondern »hin zu ...«, also: hin zu etwas oder jemandem. Und genau das steht in den beiden Glaubensbekenntnissen. Da steht nach dem »in« der vierte Fall! Bei allen drei göttlichen Personen. Deshalb müsste man eigentlich übersetzen: »Ich glaube hin zu Gott, dem Vater«, »... hin zu Jesus Christus« und »... hin zum Heiligen Geist«. Das klingt natürlich etwas merkwürdig, doch das ist ja noch nicht alles, was ich dazu aus meinem Lateinunterricht noch weiß: Das Wort »credo« heißt »ich glaube«, das stimmt schon, aber mit »glauben« ist bei diesem Wort noch etwas anderes gemeint als nur »an etwas glauben«. Wenn nämlich jemand Latein als Muttersprache hat, also in Latein denkt und fühlt, wie die Christen damals vor über tausendfünfhundert Jahren, dann weiß und fühlt der sofort, dass »credo« ein zusammengenuscheltes »cor do« ist – »cor« ist das Wort für »Herz«, »do« bedeutet »ich gebe«.

Und jetzt ergibt das Ganze einen Sinn: »Credo in Deum Patrem« zum Beispiel meint dann auf Deutsch: »Ich gebe das Herz hin zu Gott, dem Vater«. Und an den Stellen im Glaubensbekenntnis, wo es um Jesus und um den Heiligen Geist geht, bedeutet es entsprechend dasselbe.

Ich muss nicht noch umständlich erklären, was »Ich gebe das Herz hin zu ...« bedeutet. Wer in seiner Seele ein Kleinbauer oder eine Kleinbäuerin ist, weiß das ganz von alleine.

Nur so viel will ich noch sagen: Ich bin da nicht selbst draufgekommen. Edith Stein hat den Übersetzungsfehler entdeckt. »Credere in Deum«, schrieb sie in einem ihrer dicken Bücher, heißt »zu Gott hin glauben«, also »sich Gott im Glauben zuwenden«, »Gott zustreben«; denn »der Glaube ... will mehr als einzelne Wahrheiten von Gott, er will Ihn selbst«. Und das schrieb sie schon vor über achtzig Jahren.

Jedenfalls will unser Glaubensbekenntnis nicht nur ausdrücken, was wir Christen glauben, sondern vor allem auch wie – wie! – wir Christen glauben. Nämlich, indem wir nicht nur denken: Jaja, es gibt Gott, den Vater, den Sohn und den Heiligen Geist. Sondern indem wir zu allen Dreien unser Herz hinwenden, also mit jedem tief im Herzen reden.

Die Reihenfolge, in der wir die göttlichen Drei anreden, ist egal – hab ich früher immer gedacht. Aber seitdem ich weiß, dass Jesus in Galiläa Kleinbauer war und selbstverständlich auch als auferstandener Jesus ein Kleinbauer geblieben ist, rede ich meistens

zuerst Jesus

an. Auch meine Ordensmutter Teresa von Ávila hat gesagt, man solle immer zuerst auf Jesus schauen und auf sein Leben als Mensch auf Erden. An ihm sieht man nämlich, sagt sie, wie Gott wirklich ist. Denn erstens hat keiner vor Jesus so groß von Gott gesprochen wie er, und zweitens hat er nicht nur so groß von Gott gesprochen, sondern er war selbst so, wie er von Gott gesprochen hat. Jesus ist gewissermaßen so etwas wie die Tür zu Gott – ein Vergleich, der in der Bibel steht, im Johannesevangelium, im 10. Kapitel; die Leute vom johanneischen Kreis legen ihn sogar Jesus selbst in den Mund. *Ich bin die Tür*, lassen sie Jesus sagen, völlig zu Recht.

In vielen Gottesdienstgebeten, die an Gottvater gerichtet sind, heißt es deshalb am Schluss: »... darum bitten wir dich durch Jesus Christus« und so weiter. Was aber leider auch kaum einer versteht! Das liegt ausnahmsweise mal nicht an den Übersetzern – das liegt einfach daran, dass diese Formulierung so oft gesagt wird, dass keiner mehr mitkriegt, was da gesagt wird. So wie manche Leute ständig »Grüß Gott!« sagen und gar nicht mehr wissen, wer da wen grüßt. »Durch Jesus Christus« – wenn man richtig hinhört, ist es doch klar, was damit gemeint ist: Durch Jesus musst du durch, durch die Tür, die Jesus ist – das ist gemeint! Damit du nämlich beim Beten wirklich Gott so vor Augen hast, wie Jesus ihn uns gezeigt hat: als den »Patrem«, wie es im Glaubensbekenntnis gleich nach dem »Deum«, dem Vierten-Fall-Wort für Gott heißt; als den, der wie ein liebevoller Vater, wie ein Abba ist. Sonst betest du, wenn du »du, Gott« sagst, zu sonst was!

Und gleich noch etwas, was Jesus und das Glaubensbekenntnis betrifft: Jesus hat ja, wie wir wissen, den Leuten in Galiläa gesagt, dass sie alle Töchter und Söhne Gottes sind. Paulus hat's mehrmals ganz ausdrücklich wiederholt. Aber die Leute damals haben auch schnell gemerkt, dass Jesus unter allen Töchtern und Söhnen Gottes ein ganz einzigartiger Sohn Gottes ist. Das ist auch der Grund, warum die frühen Christen, von den ersten Jüngern an, irgendwie in ihren Herzen wussten: Der ist mehr als nur ein normaler Mensch, der gehört zu Gott wie keiner sonst! So wie dieser Jesus Sohn war, war sonst keiner Sohn oder Tochter. Bei ihm fiel der Apfel nicht so weit vom Stamm wie bei unsereinem, ganz im Gegenteil: Er war als Sohn ganz wie der Vater, wie sein göttlicher Vater. *Wer mich sieht, sieht den, der mich gesandt hat* – also den Abba –, heißt es im Johannesevangelium, im 12. Kapitel. Das hat zwar wiederum nicht Jesus selbst gesagt, sondern das haben die Autoren des Johannesevangeliums von Jesus gesagt, aber die hatten damit vollkommen recht!

Und das – also dass er ein einzigartiger Sohn Gottes ist –, genau das steht auch im Glaubensbekenntnis. Da stehen gleich nach »... und an Jesus Christus« noch die Worte: »seinen eingeborenen Sohn, unsern Herrn«. Bloß ist das hier nicht erkennbar. Wieder mal wegen der Übersetzung! Was die Formulierung »unsern Herrn« meint, ist klar: Er, der auferstandene Jesus, ist Gott. Aber »eingeborener Sohn«, was soll das denn bedeuten?

Ich hab mal, als ich noch Kaplan in Görlitz war, in einer Schülergruppe gefragt, was ein »eingeborener Sohn« ist. Da antwortete ein Junge aus der sechsten Klasse wie aus der Pistole geschossen: »Ein Eingeborener ist ein Indianer, und von dem dann der Sohn!« Diesem Jungen, der Fan von Indianer-Filmen war wie ich, diesem Jungen konnte ich aber weiterhelfen. Ich hab ihm einfach das lateinische Wort gesagt, das im kleinen Glaubensbekenntnis für »eingeborener« steht. Dort im Originaltext, hab ich ihm gesagt, steht das Wort »unicum«. Und obwohl er nur Russisch in der Schule hatte, hat er sofort kapiert! »Ach so, Jesus ist ein Unikum. Ein Unikum von Sohn. Das versteh ich. Aber Herr Kaplan, warum beten wir das denn dann nicht auch so?« Auf diese Frage hin konnte ich ihm allerdings nur antworten: »Dafür bin ich leider nicht zuständig.«

Ob's im großen Glaubensbekenntnis auch »unicum« heißt? Nein, da steht »filium Dei unigenitum«, und das heißt auf Deutsch: »Gottes einziggeborener Sohn« – ganz wortwörtlich übersetzt. Aber das ganz Wortwörtliche ist ja nicht immer das, was eigentlich gemeint ist. Das hat Paulus schon gewusst, und er hat damals in seinem zweiten Brief an die Korinther einen Satz geschrieben, den sich alle Bibelübersetzer in großer Schrift übers Bett hängen sollten: *Der Buchstabe tötet, der Geist aber macht lebendig.* »Einziggeboren«, also »unigenitum«, meint im Lateinischen so viel wie »einzigartig unter allen Geborenen«. Jesus ist, so will das Glaubensbekenntnis sagen, ein einzigartiger Sohn Gottes unter den Töchtern und Söhnen Gottes. Eben ein »Unikum von Sohn«! Aber jetzt wissen wir, wie die Übersetzer auf den »Eingeborenen« gekommen sind ...

Ich fange also, wenn ich aus dem Herzen heraus den dreieinigen Gott anrede und zu ihm bete, mit Jesus an. »Du, Jesus«, sag ich zu ihm, »du bist da – immer. Auch jetzt, wo auch ich mal wieder ›da‹ bin, bist du da ...« Und dann mache ich es wie Teresa von Ávila: Ich »verweile bei ihm wie bei einem Freund, mit dem ich oft und gern zusammenkomme, von dem ich weiß, dass er mich liebt.« Manchmal erzähle ich ihm dann von mir oder auch von meinen Lieben und Nichtlieben. Aber da ich dann schnell den Eindruck habe, dass er das sowieso schon alles weiß, lese ich ein paar Zeilen aus einem der vier Evangelien und denke nach über das, was er da sagt und was er da tut, laut Matthäus, Markus und so weiter.

Und weil er ja ganz bestimmt heute noch so denkt und eingestellt ist wie damals, weiß ich: Das sagt er alles jetzt auch zu mir. Wie das zum Beispiel, was er zu Amandus und Petrus gesagt hat …

Und während ich so bei Jesus verweile, weiß ich natürlich: Jesus ist nicht allein, mit ihm sind

der Abba und der Heilige Geist

zugleich da – ist ja klar! Denn wo der auferstandene Kleinbauer aus Galiläa ist, da ist die ganze dreieinige göttliche Gemeinschaft.

Oftmals bete ich dann nach einer Weile zum Heiligen Geist. Weil mir nämlich, wenn ich still bei Jesus verweile, öfter mal ganz gute Gedanken kommen. Besonders am Morgen, wenn meine »Seelenvermögen« noch ausgeruht sind. Ich bin überzeugt, solche Gedanken kommen nicht aus meinem kleinen Kopf allein. Sie kommen vom Heiligen Geist. Vor allem, wenn es tiefe Wahrheiten sind. Jesus hat ja gesagt, dass es der heilige *Anwalt* ist – wie er ihn im Johannesevangelium nennt (14. und 15. Kapitel) –, der uns *alles lehren, uns an alles erinnern und uns in die ganze Wahrheit führen* wird. Ich sage dann: »Dieser Gedanke, du Heiliger Geist, ist so schön und so wichtig, dass ich dich bitte: Erinnere mich nochmal dran, wenn ich nachher bei den Seminar- oder Exerzitienteilnehmern meinen Vortrag halte!«

Und hin und wieder ist sogar der eine oder andere Gedanke dabei, den ich dann abends, wenn ich am

Schreibtisch sitze, mit in das dritte Jesus-für-Kleinbauern-Buch hineinschreiben kann ...

»Du, Abba«, bete ich natürlich auch. Ich sage, wenn ich zu ihm bete, nicht »du, Gott«, denn Gott, das sind ja alle drei. Ich bete »du, Abba« – so wie Jesus zu ihm gebetet hat. Das geht am besten, wenn ich innerlich mit Jesus zusammen »du, Abba« sage ... Dabei fallen mir viele Anliegen ein, die ich ihm vortragen kann. Auch Anliegen, die mir in Gesprächen ans Herz gelegt wurden.

Manchmal übrigens – nur manchmal natürlich! – geht's dann auch recht lustig zu. Das muss schon bei meiner Ordensmutter Teresa so gewesen sein: »Ich lache bei mir über die Anliegen, für die manche Leute uns zu beten beauftragen«, hat sie ihren Schwestern mal verraten. Da sei sie zum Beispiel beauftragt worden, um Erfolg in Geldgeschäften zu beten – von Leuten, denen sie eher wünschen würde, sie wären ein kleines bisschen weniger reich. »Sie haben freilich gute Absichten«, schreibt sie, »und, um die Wahrheit zu sagen, empfehle ich sie Gott auch, aber ich bin überzeugt, dass er mich nicht erhört.« Und das Schöne ist, dass dann der Abba – ach, was sag ich –, dass dann alle Drei mitlachen, göttlich mitlachen!

Zugegeben, in meinen eigenen Gebetsanliegen geht's auch nicht nur ums Reich Gottes pur. Aber solch ein echter Karmelit bin ich eben. Ein bisschen freilich muss ich immer schmunzeln, wenn mich gerade dann, wenn ich um etwas bitte, der Heilige Geist an das Bibelwort erinnert: *Euer Vater weiß, was ihr braucht, noch ehe ihr ihn bittet.* Jesus hatte das den Leuten, laut Matthäus, in der Bergpredigt gesagt. Und ich gebe auch die Hoffnung nicht auf, dass aus meinen vielen Bitt-Anliegen im Laufe der Jahre mehr Dank-Anliegen werden können. Mein Kleinbauernvater, der jetzt hoch in den Achtzigern ist, hat mir erst neulich eine Altersweisheit mit auf den weiteren Lebensweg gegeben, die mich da zuversichtlich sein lässt. Auf einen kleinen Zettel hat er sie geschrieben, den habe ich in mein Gebetbuch gelegt. Darauf steht: »Je älter man wird, desto mehr wächst die Neigung zu danken. Gott gibt das Leben, lässt alles blühen und wachsen, und er schickt keine Rechnung dafür.«

In unserer Klosterkirche ist an die Altarwand ein großes Bild gemalt – das hilft mir manchmal, wenn ich so zu jedem der göttlichen Drei bete. Ich hab es selbst da dran gemalt. Vor zwanzig Jahren, im Auftrag meiner Mitbrüder, weil wir für einen Kunstmaler kein Geld hatten und sie meinten, irgendwie würde ich das schon hinkriegen. Richtiger gesagt: Ich habe es abgemalt. Denn das Original stammt von einem Mönch aus der russisch-orthodoxen Kirche, es ist

die berühmte Dreifaltigkeits-Ikone

von Andrej Rubljow, der im fünfzehnten Jahrhundert im Kloster Sagorsk bei Moskau lebte. Der hatte damals ebenfalls den Auftrag bekommen, für seine Klosterkirche ein Dreifaltigkeitsbild zu malen. Nur – der konnte malen! Und trotzdem war auch für ihn diese Aufgabe nicht leicht! Denn wenn ich schon ein Bild vom großen, tiefen Geheimnis des dreieinigen Gottes male, sagte er sich, dann muss es eins sein, vor dem die Leute, die in die Klosterkirche kommen, auch wirklich beten können.

Ein einäugiges Dreieck, wie es um diese Zeit viele seiner Malerkollegen in unseren Breiten malten, war da ungeeignet, das war ihm klar. Und einen Drei-Gesichter-Kopf malen, das wär' nun schon gar nicht passend gewesen; die Leute sollten ja vor dem Bild verweilen können und nicht gleich vor Schreck wieder davonlaufen!

Oder das Drei-Hasen-Motiv. Das ist zum Beispiel im Kreuzgang des Paderborner Doms zu sehen. Aber da war ich noch nicht, und mein alter Mönchskollege kannte es natürlich auch nicht. Hätte er es gekannt, und hätte er es gemalt, dann hätten seine russischen Kleinbauern zumindest was zum Lachen gehabt, und wir wissen ja: Die göttlichen Drei freuen sich immer, wenn Menschen herzlich lachen! Doch ob drei Hasen, die zusammen nur drei Ohren haben, aber so angeordnet sind, dass jeder dennoch zwei hat – ob solch ein Bild die letzte Weisheit über das Geheimnis der Dreieinigkeit vermitteln kann?

Ein sogenannter Gnadenstuhl, ja, das wäre schon eher eine Möglichkeit gewesen: Auf solchen Gnadenstuhl-Abbildungen, die im westlichen wie im östlichen Christentum verbreitet sind, sieht man Gottvater auf dem himmlischen Thron sitzen, in seinen Armen hält er den gekreuzigten Jesus, und darüber, darunter oder zwischendrin flattert die Taube, das Symbol für den Heiligen Geist. Aber auch dafür konnte sich Vater Andrej nicht erwärmen. Gnadenstuhldarstellungen sind zwar meistens sehr eindrucksvoll, wirklich! Nur wird für den Betrachter nicht so richtig deutlich, dass Gott eben eine Gemeinschaft von drei göttlichen Personen ist. Denn auch wenn man weiß, dass mit der Taube der Heilige Geist gemeint ist, wird man doch nicht dazu angeregt, zum Heiligen Geist zu beten. Das aber wollte Vater Andrej, ist doch klar bei einem Mönch! Also malte er ein Bild ganz anderer Art – nämlich das von den drei Männern aus der Bibel, die bei Abraham zu Gast waren.

Auf Vater Andrejs Dreifaltigkeits-Ikone sitzen die Drei gemeinsam an einem Tisch. Wer diese Ikone anschaut und weiß, dass hier die Dreifaltigkeit dargestellt ist, dem wird sofort bewusst: Ach, stimmt ja, Gott – das sind ja drei!

Und vorn am Tisch – auf der Seite, von der aus man das Bild anschaut –, da ist ein Platz frei. Als hätte Vater Andrej sagen wollen: »Da kannst du dich mit dazusetzen.« Ich glaube, das hat er auch tatsächlich sagen wollen, denn darum ging's ihm ja: dass man sich wenigstens ein Weilchen mit dazusetzt. Der Reihe nach kann man dann zu jedem der Drei beten und vergisst keinen ... Zwar ist auf dem Bild nicht zu erkennen, wer wer ist, aber das macht nichts, das kann man sich ja aussuchen.

Und das Schöne ist: Wenn man bei jedem der Drei ein wenig verweilt hat, spürt man richtig, dass sie zusammengehören. Dass sie eine ganz innige Gemeinschaft sind. Vater Andrej hat sie nämlich so gemalt, dass man mit ein bisschen Einfühlungsvermögen merkt, wie immer jeweils zwei sich zutiefst einig sind in der Liebe zum jeweils Dritten ...

Dann spürt man auch, dass die Drei zusammen sich einig sind in der Liebe zu – – Moment! Jetzt merke ich erst, dass ich immer »man« gesagt habe. Ich meine natürlich mich. Dass sie sich also zu dritt einig sind auch in der Liebe zu mir. Aber das mit dem »man« war trotzdem nicht verkehrt, denn selbstverständlich sind sie sich auch einig in ihrer Liebe zu jedem anderen Menschen, der sich mit an ihren Tisch setzt. Und zu jedem, der sich nicht mit dransetzt, auch.

Nochmal zum »man«. Es gibt ja heute Leute, die, wenn sie schon »man« sagen, immer »man/frau« sagen. Ich glaube, das Problem, das hinter dem »man/frau« steckt, haben die göttlichen Drei nicht. Überhaupt nicht. Und Vater Andrej hatte es auch nicht. Er hat die göttlichen Drei so gemalt, dass sie weder rein männlich noch rein weiblich aussehen. Weil ihm ganz bestimmt auch damals schon klar war, dass sie zusammen genauso weiblich-mütterlich denken und empfinden wie männlich-väterlich. Und dass sie die Töchter unter uns Menschen genauso lieben wie die Söhne. Aber es ist schon wahr: Es gibt heute noch immer eine Menge Leute, denen man/frau/kind das erst erklären muss – den einen, damit auch sie es irgendwann kapieren, den anderen, damit sie beruhigt sind.

Hinter dem Tisch ist übrigens noch ein Baum zu sehen. Das ist der Baum, unter dem Abraham die drei Besucher Platz nehmen ließ und bewirtete. In manchen Bibelübersetzungen steht, es sei eine Eiche gewesen, in anderen, eine Terebinthe. Ich kenne mich mit den Baumsorten nicht so gut aus – mit Eichen schon eher, mit Terebinthen aber nicht –, deshalb ist der Baum auf diesem Dreifaltigkeitsbild für mich einfach ein Symbol für alles Lebendige. Alles, was lebt, und überhaupt: alles, was irgendwie da ist in dem riesigen Weltall, das uns umgibt, all das ist da, weil die göttlichen Drei sich einig sind, dass es da sein soll – das sagt mir der Baum auf dem Bild des russischen Malermönchs.

»Bild« dürfte ich eigentlich nicht sagen, denn es handelt sich ja um eine Ikone, also um ein Bild, das in der östlichen Christenheit auf eine ganz bestimmte Art und Weise gemalt wird. Und vor allem auf eine ganz bestimmte Art benutzt wird: Orthodoxe Christen schauen durch die Ikone hindurch! Das Wort Ikone, das aus dem Griechischen stammt, bedeutet nämlich »Fenster«. Das, was gemalt ist, so sagen sie in den Ostkirchen, ist nur wie ein Fenster, damit man nicht sonst wohin schaut, sondern in die richtige Richtung. Denn das Eigentliche, das, was mit dem Gemalten gemeint ist, kann natürlich gar keiner malen. Jeder Ikonenmaler malt nur ein Fenster, durch das hindurch der Blick auf das Eigentliche – draußen vor dem Fenster – gelenkt wird.

Auf die Altarwand in unserer Klosterkirche habe ich dieses Bild – also das Fenster – nur mit ein paar Pinselstrichen nachgemalt beziehungsweise nachgezeichnet. Besser konnte ich es nicht, denn in Malen und Zeichnen hatte ich in der Schule immer nur eine Drei. Manchmal sagen mir Leute, die in unser Kloster kommen: »Die Hände, die haben Sie aber schlecht gemalt. Die sehen ja ganz krüppelig aus!« Wenn mir einer so kommt, dann hole ich ihm sofort eine Originalabbildung von Andrej Rubljows Ikone her und sage ihm: »Hier, schau'n Sie sich das mal an! Schau'n Sie sich auf dieser Ikone mal die Hände an! Der große, berühmte Maler Andrej Rubljow! Der hat die Hände der göttlichen Drei noch viel krüppeliger gemalt als ich! So krüppelige Hände malen wieder, das kann ich gar nicht! Dafür war ich in Malen und Zeichnen viel zu schlecht in der Schule.« Und dann wissen sie überhaupt nicht mehr, was sie sagen sollen! Ich erklär's ihnen natürlich, ganz in Ruhe:

»Seh'n Sie mal«, sage ich dann, »unsere Hände sind doch zum Greifen da. Bildlich gesprochen: zum Begreifen. Mein alter Mönchskollege wollte allen, die seine Ikone betrachten, sagen: Sosehr dir dieses Bild auch helfen mag, etwas vom dreieinigen Gott zu verstehen, begreifen – begreifen – wirst du ihn nie! Bei Gott ist alles, wirklich alles viel, viel größer, schöner und herrlicher als das, was ich dir hier gemalt habe!« Dann sind sie immer ganz still, die lieben Kritiker ... Und ich, ich freue mich ...

Auf Seite 106 habe ich nochmal eine Stille-Seite eingerichtet. Aber diesmal ist sie nicht leer. Die Ikone von Andrej Rubljow ist darauf zu sehen – nein, nicht die Ikone selbst natürlich, sondern nur die paar Striche, mit denen ich sie nachgezeichnet habe. Wer will und die Begabung dazu hat, kann sie sich ja schöner malen, auf ein extra Blatt Papier. Am besten dann auf ein Blatt Transparentpapier, das in ein Fenster gehängt werden kann. Aber Vorsicht! Die Hände, auf keinen Fall die Hände schöner malen! Und vorn am Tisch, da muss ein bisschen Platz bleiben, eher noch ein bisschen mehr als auf meinem Bild – damit man/frau/kind sich mit dazusetzen und mit den göttlichen Drei ins Gespräch kommen kann ...

Doch bevor jetzt die Stille-Seite kommt, muss ich unbedingt noch von Schwester Elisabeth erzählen. Die stammte aus Dijon in Frankreich und war im dortigen Karmelitinnenkloster Ordensschwester, um 1900. Eine ältere Schwester von mir, gewissermaßen. Wegen einer schweren Krankheit starb sie allerdings bereits mit siebenundzwanzig Jahren. In unserem Orden hatte sie den Namen gehabt. Wir Karmeliten und Karmelitinnen haben an unseren Vornamen nämlich immer noch ein »Ordensanhängsel« dran – zwei oder drei Worte, die etwas Wichtiges vom Glauben ausdrücken. Teresa aus Ávila zum Beispiel hieß im Kloster Teresa von Jesus, und ihr Mitstreiter damals unter den Karmelbrüdern hieß Johannes vom Kreuz.

Schwester Elisabeth also hieß Elisabeth von der Dreifaltigkeit. Ob ihr dieser Name von ihrer Priorin gegeben wurde oder ob sie ihn selbst gewählt hat – beides ist in unserem Orden möglich –, das weiß ich nicht genau. Auf jeden Fall aber hat sie viel über die Dreifaltigkeit nachgedacht. Und deshalb kam sie sehr schnell darauf – viel schneller als wir anderen Christen –, dass Gott eben eine Gemeinschaft ist. Sie hat auch schneller als andere kapiert, dass das Nachdenken allein natürlich auch nicht viel weiterhilft. Sie hat gebetet zu jedem der göttlichen Drei, sie hat ihr Herz hingewendet zu Gott: zu Gott, dem Vater, zum auferstandenen Jesus und zum Heiligen Geist. Zu jedem nacheinander ... Und dabei hat sie gemerkt – auch viel schneller als andere oder als ich zum Beispiel –, dass sie ja mal alle drei zusammen ansprechen kann. Alle drei gleichzeitig ...

Dass sie das manchmal so macht, das hat sie selbstverständlich nicht gleich im ganzen Kloster rumerzählt. Aber irgendwann einmal, da hat sie ihr Gebet aufgeschrieben; oder richtiger gesagt: da hat sie dem dreieinigen Gott einen Brief geschrieben. Und den Zettel mit diesem Briefgebet, den fanden ihre Schwestern, als sie gestorben war.

Ihr Gebetsbrief hat mehrere Abschnitte. In den ersten Abschnitten wendet sie sich jedem der göttlichen Drei einzeln zu. Nicht, dass sie jedem ihre Sorgen und Wünsche vortragen würde, weil sie meinen würde, dasselbe dreien gesagt, hätte mehr Chancen, erhört zu werden. Nein, Elisabeth hat den göttlichen Drei in diesem schönen Gebet gesagt, was sie ihr bedeuten. Einfach nur, was sie ihr bedeuten. Und einfach so, ohne dafür etwas haben zu wollen – das muss es sein, denke ich, was Herr S. meinte, als er von der vorleistungsfreien Liebe des Menschen zu Gott sprach ...

Und dann kommt der letzte Abschnitt. Als ich ihn zum ersten Mal las, traute ich meinen Augen nicht: Sie redet tatsächlich alle drei gleichzeitig an! »O meine Drei«, schreibt sie. Und ganz bestimmt hat sie sonst, wenn sie ohne Papier und Tinte betete, auch so gebetet. Zu allen dreien gleichzeitig: »Meine Drei!«

Ich wollte das unbedingt noch vor der Stille-Seite mit der Dreifaltigkeitszeichnung erzählen. Denn es wäre schön, wenn ... – aber das muss ich gar nicht sagen. Wer auch nur ein kleines bisschen Kleinbauer im Herzen ist, weiß selber, was er zu tun hat.

Nur eins noch. Manchmal, wenn ich meinen Stillesuchern hier in unserem Exerzitienhaus das »Ehre sei dem Vater« vorbete, formuliere ich es etwas um. Ich bete es so vor, wie ich es, wenn ich allein bete, auch öfter bete, seit ich Elisabeths Gebet gelesen habe. Doch, doch, das darf man! Jedenfalls wenn einem die andere Formulierung nicht der eigene Vogel in den Kopf gepiepst hat, sondern sie vom Heiligen Geist eingegeben ist. Und da können mir alle Großbauern sagen, was sie wollen: Das, was ich beim »Ehre sei dem Vater« verändere, das ist vom Heiligen Geist! Sonst wär's ja auch bei Schwester Elisabeth von der Dreifaltigkeit nicht vom Heiligen Geist gewesen, und die wurde seliggesprochen! Von Papst Johannes Paul dem Zweiten höchstpersönlich! Und außerdem: Der Heilige Geist spricht doch nicht nur zu Päpsten, wenn die gerade mal was Unfehlbares sagen wollen. Der Heilige Geist spricht auch zu unsereinem! Also, manchmal bete ich das »Ehre sei dem Vater« so vor: »Ehre sei dir, Abba-Vater ..., dir, Jesus ... und dir, Heiliger Geist ..., euch, dem dreieinen Gott ..., jetzt und in Ewigkeit. Amen.«

Ohne dass ich zuvor großartige Vorträge über die »ökonomische Trinität« und die »trinitarische Communio« und so weiter gehalten hätte, sagen mir dann öfter Leute: »Pater, mir ist heute beim Gottesdienst was aufgegangen! Ich habe irgendwie eine neue Beziehung zu Gott gefunden ...« Mir war es ja auch so gegangen, als ich zum ersten Mal Elisabeths Worte mitgebetet hatte ...

Ich muss nochmal auf die russisch-orthodoxe Kirche zurückkommen. In Russland wird eine sehr alte Geschichte erzählt, die

von drei Mönchen

handelt. Drei Mönche, so wird da erzählt, hatten sich auf einer Reise in den Weiten der sibirischen Wälder verlaufen. Weil sie den Weg in ihr Kloster nicht mehr zurückfanden, bauten sie sich eine Hütte aus Bäumen, Ästen und Lehm und richteten sie als Kloster ein. Nach vielen Jahren entdeckte sie dort ihr Ordensoberer, der lange nach ihnen gesucht hatte ...

Zwischenbemerkung: Eine andere Version dieser Geschichte will wissen, dass der Bischof sie gesucht und dort gefunden hätte; aber das glaub ich nicht. Denn Bischöfe suchen nach Mönchen meistens nur, wenn sie gerade mal Priestermangel in ihrem Bistum haben, und den hatten sie damals in Russland ganz bestimmt nicht.

Weiter: Der Ordensobere fand also seine drei Brüder wieder, und er fragte sie natürlich gleich, ob sie auch ihre Klostergebete regelmäßig beten würden.

»Ach, Vater«, sagten da die Mönche zu ihm, »in den langen Jahren hier in der Einsamkeit der Wälder haben wir unsere Klostergebete vergessen. Aber wir haben uns dann ein Gebet selbst ausgedacht.« Andächtig sprachen sie es ihrem Oberen vor:

Gott, ihr seid drei,
und wir sind drei.
Herr, erbarme dich!

»Siebenmal am Tag, Vater, beten wir so«, sagten die Mönche, und der Obere war sehr bewegt von ihrer tiefen Frömmigkeit.

Ob sich diese Geschichte wirklich so, genau so, zugetragen hat, das weiß ich nicht. Aber dass sie weitererzählt wurde – sogar von dem berühmten Schriftsteller Leo Tolstoi, der allerdings die Version mit dem Bischof verbreitet hat –, das haben wir, glaube ich, dem Heiligen Geist zu verdanken! Was der Heilige Geist später Tausende Kilometer entfernt in Dijon der Karmelitin Schwester Elisabeth eingegeben hat, das hat er mit dieser Geschichte schon weit früher auch den Christen in Russland sagen wollen – und über Leo Tolstoi so ziemlich der ganzen Welt.

Freilich, drauf gehört hat so ziemlich die ganze Welt nicht. Auf das, was in Schwester Elisabeths Briefgebet steht, ja auch nicht. Sonst sähe die Welt heute anders aus, wenigstens in Russland und in Frankreich und bei uns im Karmelitenorden. Denn Gott so anzureden – »Meine Drei« oder »Gott, ihr seid drei« –, das kann etwas bewirken bei uns Menschen. Und wie das was bewirken kann!

Das wird uns freilich nur dann klar, wenn wir nach dieser Anrede noch ein bisschen in der Stille bleiben.

Was ja nicht heißt, dass wir uns in die sibirischen Wälder zurückziehen müssen oder in eine Klosterzelle in Dijon. Es genügt schon, wenn wir uns, wie Schwester Elisabeth einmal einer Freundin schrieb, »im Innern eine kleine Zelle bauen«, die wir öfter aufsuchen, um still bei den göttlichen Drei zu verweilen ... Still, wie gesagt, also ohne die Drei mit Gebeten zuzureden. Jesus selbst hat ja schon auf Erden gesagt, wir sollen beim Beten *nicht plappern* und *viele Worte machen* (das steht ebenfalls in der Bergpredigt, bei Matthäus). Nur wenn wir nach dem Amen unserer Gebete nicht gleich wieder weglaufen, sondern noch still verweilen, können die göttlichen Drei auch mal zu uns reden. Und dann können wir von ihnen hören, was die drei Mönche hörten und was dann so viel bewirken kann bei uns Menschen, nämlich:

Auch wir sind drei!

Denn: Wenn Gott eine Gemeinschaft ist, dann sind auch wir eine Gemeinschaft. Wir sind ja *als sein Abbild* geschaffen, wie die Bibel gleich auf ihrer ersten Seite sagt.

Stimmt, wir sind natürlich mehr als drei! Aber immer schon drei von den vielen Milliarden, die wir sind, sind eine Gemeinschaft, und alle Milliarden zusammen sind es auch. Das zu erkennen, ist die Folge aus dem Leben mit dem dreieinigen Gott. Eine simpel scheinende Erkenntnis und ganz unspektakulär – aber sie macht was mit uns und mit mir.

Ich glaube, es ist so: Wenn die göttlichen Drei mich, Reinhard, anschauen, dann schauen sie selbstverständlich mich an. Ich bin für sie absolut einmalig. Und sie haben mich einmalig gern. Darin sind sie sich zu dritt absolut einig. Doch sie schauen zugleich auch immer auf Paula und Paul, die neben mir durchs Leben gehen. Für die göttlichen Drei sind tatsächlich »aller guten Dinge drei«: Für sie bin auch ich »zu dritt«, ich bin eine Person in Gemeinschaft.

Es ist schon eigenartig: Wenn ich nur zu einem der göttlichen Drei bete, zum Abba zum Beispiel, dann könnte ich stundenlang – na gut, das ist jetzt übertrieben! –, also dann könnte ich die ganze Zeit nur von mir erzählen, von allen meinen Sorgen, von der vielen Arbeit und vom Klosterstress ... Wenn ich aber bete: »Gott, ihr drei ...«, dann fallen mir sofort Paul und Paula ein – und manchmal sogar die Menschen auf der ganzen Welt ... Dann ist es, wie wenn ich mit ihnen allen zusammen am Tisch der Drei sitze. Und merkwürdigerweise ist es dann am Tisch – ich meine hinter dem Fenster – überhaupt nicht zu eng ..., und auch in meinem Herzen wird alles weit ... Ich weiß dann, dass ich eigentlich gar nichts mehr reden muss ..., nur denken: »Gott, ihr seid drei, und wir sind drei ...«

Vielleicht hat die indische Geschichte von dem Fallschirmspringer recht: Nur hohe Theologengedanken allein – gerade über die Dreieinigkeit – sind nutzlos. Aber zu den göttlichen Drei beten, also eine persönliche Beziehung mit ihnen pflegen, das bringt großen Nutzen. Weil wir dann irgendwie merken, dass wir zusammengehören, wir drei. Und nicht nur wir drei, sondern auch wir drei und die göttlichen Drei.

Aus himmlischer Sicht mögen wir ja aussehen wie die drei vorn auf dem Umschlagbild – ein treffenderes hätten die Benediktiner und ihre Leute im Verlag gar nicht finden können! Und irgendwie sehen wir ja nicht nur so aus, sondern wir sind es auch: dumme, störrische Esel. Die drei Esel da vorn auf dem Umschlagbild scheinen das jedenfalls zu wissen, und die russischen Mönche wussten es auch – hätten sie sonst gebetet: »Erbarme dich!«? Dennoch: Die göttlichen Drei haben uns lieb – »vor jeder Leistung und trotz aller Schuld«. Und für sie gehören wir zusammen. In ihren Augen sind wir eine Gemeinschaft. Zwar keine Gemeinschaft, die sich absolut einig ist. Das sind Esel wie wir nun mal nicht, und das können wir auch nicht sein. Noch nicht. Aber immerhin, wir sind eine Gemeinschaft –

kein Esel ist doch ganz allein ein Esel!

Und jeder Esel weiß das. Auf dem Bild merkt man es ihnen an. Nur wir wissen es nicht. Jedenfalls denken wir zu wenig daran. Sonst, wie gesagt, sähe die Welt anders aus ...

Weil Gott Gemeinschaft ist und wir Gemeinschaft sind, können wir von den göttlichen Drei nämlich sehr, sehr viel lernen. Vor allem, dass jeder Mensch von gleicher Würde ist; dass wir nicht so tun dürfen, als gäbe es oberwichtige, unteroberwichtige und unwichtige Leute im Dorf, im Staat oder in der Kirche; und dass wir nur lachen, tanzen und glücklich werden können, wenn wir uns nicht über andere erheben – oder gar, wie Jakobus und Johannes zum Beispiel, uns um Pöstchen und Ehrenplätze rangeln.

Hätten diese beiden Apostel das damals schon gewusst – aber das konnten sie natürlich noch nicht wissen! –, dann wären sie doch nicht auf den Gedanken gekommen, zu Jesus zu gehen und zu ihm zu sagen: *Meister, wir möchten, dass du uns eine Bitte erfüllst ... Lass in deinem Reich einen von uns rechts und den andern links neben dir sitzen.* Auf solche Ideen kommen doch nur Leute, die mit dem dreieinigen Gott noch keine Erfahrung gemacht haben! Die denken freilich, es müsse immer Oberleute, stellvertretende Oberleute, oberste Unterleute und nur noch Leute geben, und selbst möchten sie wenigstens ein einflussreiches Plätzchen in dieser Rangordnung haben. Möglichst auch noch im Gottesreich im Himmel! Sie kennen's ja nicht anders.

Oh, war das dem Matthäus peinlich, als er im Markusevangelium diese Stelle las! Dort stand doch tatsächlich (im 10. Kapitel ist es nachzulesen): *Da traten Jako-*

bus und Johannes, die Söhne des Zebedäus, zu ihm (zu Jesus) *und sagten: Meister, wir möchten, dass du uns eine Bitte erfüllst ...* und so weiter, siehe oben.

Matthäus traute seinen Augen nicht! Zwei Apostel – Apostel, aus denen doch später mal Bischöfe und Päpste werden sollten! –, die hatten solche Gedanken im Kopf?!

Nein!, dachte sich Matthäus, der ja über die Dreieinigkeit Gottes schon mehr wusste als Markus zwanzig Jahre vor ihm – erinnern wir uns an seinen Taufritus! Nein, das muss nun wirklich nicht in alle Welt hinein verkündet werden! Also hat er kurzerhand den Satz verändert: *Damals kam*, schrieb er hin, *die Frau des Zebedäus mit ihren Söhnen zu Jesus und fiel vor ihm nieder, weil sie ihn um etwas bitten wollte ... Versprich, dass meine beiden Söhne in deinem Reich rechts und links neben dir sitzen dürfen.*

Einfach alles auf die Mutter der beiden Apostel zu schieben, das war natürlich auch nicht gerade die feine Art! Aber wenigstens war damit die Hoffnung gerettet, dass sich später mal die Gemeinschaft Kirche die Gemeinschaft Gott zum Vorbild nehmen würde.

Die Antwort, die Jesus den beiden Aposteln gab, die hat Matthäus – Gott sei Dank! – ziemlich unverändert übernommen: *Da rief Jesus sie zu sich und sagte: Ihr wisst, dass die Herrscher ihre Völker unterdrücken und die Mächtigen ihre Macht über die Menschen missbrauchen. Bei euch soll es nicht so sein, sondern wer bei euch groß sein will, der soll euer Diener sein, und wer bei euch der Erste sein will, soll euer Sklave sein.*

Die Christenheit an dieses Jesuswort zu erinnern, damit hat's der Heilige Geist nie leicht gehabt! Nicht nur in Russland, in Frankreich und im Karmelitenorden ... Mit manchen Leuten freilich, mit meiner Ordensmutter Teresa zum Beispiel, konnte er über solche »Rangstreitigkeiten« seiner Jüngerinnen und Jünger wenigstens herzlich lachen: »Mein Gott«, schrieb Teresa einmal ihren Schwestern, »was für ein gewaltiger Unsinn! Da setzen Leute im Kloster ihre Ehre auf so belangloses Zeug, dass ich mich wundere. Wisst ihr, in den Orden haben sie genauso ihre Prestigegesetze wie die Leute in der Welt ... Etwas Witzigeres, was noch mehr zum Lachen wäre – oder besser gesagt, zum Weinen, und das aus gutem Grund –, kann man sich kaum denken. O mein Herr, mein Herr!«

Dass solches Gerangel nur Unheil bringt, kann man sich natürlich schon vom Kopf her klarmachen, und wer auch nur ein bisschen Kleinbauer in seinem Herzen ist, der weiß das alles sowieso schon von selbst. Wenn einer noch dazu ein wenig dreifaltigkeitsgelehrt ist, dann erst recht. Denn in der Dreieinigkeit gibt es keinen Subordinatianismus, heißt es in den theologischen Büchern. »Subordinatianismus«, das bedeutet: In der Gemeinschaft Gott gibt es keine göttliche Person, die den anderen beiden übergeordnet wäre, und keine, die den anderen untergeordnet ist. Da gibt es nicht einen

Obergott, einen stellvertretenden Obergott und einen obersten Untergott oder so. Und wenn es das bei Gott nicht gibt, dann ist es auch für uns Menschen nicht zum Heil – im Himmel wie auf Erden nicht.

Wie gesagt, das kann man sich schon mit dem Kopf klarmachen. Aber wenn man sich still zu den göttlichen Drei dazusetzt – also betet –, dann geht einem das erst recht auf; auch ohne dass man theologische Fremdwörter kennen muss. Und dann ist nicht nur der Kopf, sondern dann sind alle »Seelenvermögen« an dieser Erkenntnis beteiligt.

Wer bei euch groß sein will, der soll euer Diener sein, und wer bei euch der Erste sein will, soll euer Sklave sein, hatte Jesus als Kleinbauer auf Erden den Aposteln gesagt, und dasselbe sagt er als der auferstandene Jesus heute zu uns! Mit dem Wort »Sklave« meint er natürlich nicht, dass wir uns in die Sklaverei verkaufen lassen sollen. Würden wir das so verstehen, dann bekämen wir es aber gewaltig mit Paulus zu tun! Der hat uns in seinem Galaterbrief – siehe 4. Kapitel – ganz klar und unmissverständlich gesagt: *Weil ihr aber Töchter und Söhne* (Gottes) *seid, sandte Gott den Geist seines Sohnes in unser Herz, den Geist, der ruft: Abba, Vater. Daher bist du nicht mehr Sklave, sondern Tochter und Sohn; bist du aber Tochter und Sohn, dann auch Erbe, Erbe durch Gott.* Also – nichts mit Sklave sein! Wir haben einen anderen Geist geerbt! Was Jesus mit dem Wort »Sklave« gemeint hat, das hat er uns gezeigt. Als er nämlich, wie die Freunde von Amandus im Johannesevangelium erzählen, seinen Jüngern die Füße wusch.

Wenn damals, müssen wir wissen, die Leute unterwegs gewesen waren – zu Fuß auf den staubigen Straßen und Feldwegen von einem Ort zum anderen, stundenlang –, dann waren sie glücklich, wenn sie abends ihre schmutzigen und müdegelaufenen Füße in kaltes Wasser stecken konnten. Davon wurden nicht nur die Füße wieder sauber – das war auch eine Erfrischung für den ganzen Kerl! Wir vom Lande wissen, wie gut das tut. Die Städter auch, zumindest aus ihrem Urlaub, wenn sie den ganzen Tag lang gewandert sind. Und selbstverständlich hat auch damals schon jeder seine Füße selbst ins Wasser gesteckt, und abgetrocknet hat er sie auch ganz allein. Es sei denn, man kehrte bei besseren Leuten ein, die in ihrem Haus einen Sklaven hatten. Dann war der dafür zuständig, den Besuchern eine Schüssel mit Wasser zu bringen und das Füßewaschen und Füßeabtrocknen zu übernehmen. Als normaler Mensch und Gastgeber hat solch einen Sklavendienst keiner gemacht.

Aber Jesus, der hat's gemacht. Der war sich dafür nicht zu fein. Der hat »Sklavendienste« getan. Der hat sich höchstpersönlich darum gekümmert, dass seine Jünger ihre Füße ins Wasser stecken konnten. Darin – darin! – war er »der Erste«!

Und sicherlich hat er das nicht nur beim letzten Abendmahl in Jerusalem gemacht. Wir haben allen Grund, davon auszugehen, sagen manche Experten, dass Jesus den Jüngern oft die Füße gewaschen hat, wenn sie abends Rast machten und Mahl miteinander hielten. Ausdrücklich erzählt wird davon freilich nur einmal, im Johannesevangelium eben, im 13. Kapitel; und so, als hätte es nur diese eine Fußwaschung gegeben. Denn den Leuten aus dem johanneischen Kreis war das, was die Jünger da immer wieder mit Jesus erlebt hatten, so wichtig, dass sie es unbedingt auch vom letzten Zusammensein erzählen wollten. Dadurch wurde das Füßewaschen wie ein Testament von Jesus. Sein Füßewaschen ist, wie Paulus sagt, das *Erbe,* das er seinen Jüngerinnen und Jüngern hinterlassen hat.

Am besten ist es wieder, wir erleben selbst mit, was damals geschah, um diese Erbschaft in Empfang zu nehmen. Also:

Jesus ... stand vom Mahl auf, legte sein Gewand ab und umgürtete sich mit einem Leinentuch. Dann goss er Wasser in eine Schüssel und begann, den Jüngern die Füße zu waschen und mit dem Leinentuch abzutrocknen, mit dem er umgürtet war.

Vorsicht: Wir dürfen jetzt nicht an die zwölf Männer vom Kirchenvorstand denken oder vom Pfarrgemeinderat und so weiter, die sich am Gründonnerstagnachmittag schon sorgsam die Füße gewaschen haben und dann bei der »Fußwaschung« am Abend mit weißem Hemd und Krawatte vorn am Hochaltar sitzen. Was Jesus gewaschen hat, waren müdegelaufene schweißige und schmutzige Käsefüße! – Weiter:

Als er zu Simon Petrus kam, sagte dieser zu ihm: Du, Herr, willst mir die Füße waschen?

Jesus antwortete ihm: Was ich tue, verstehst du jetzt noch nicht; doch später wirst du es begreifen.

Petrus entgegnete ihm: Niemals sollst du mir die Füße waschen!

Jesus erwiderte ihm: Wenn ich dich nicht wasche, hast du keinen Anteil an mir.

Da sagte Simon Petrus zu ihm: Herr, dann nicht nur meine Füße, sondern auch die Hände und das Haupt.

Ach, der Petrus! Den Kopf hatte Jesus ihm doch schon gewaschen – und bestimmt nicht nur, als er ihn zurechtgewiesen hatte mit den Worten: *Weg mit dir, Satan* ..., bestimmt nicht nur dieses eine Mal! Aber so ist er, der Simon. So bin ich, der Reinhard. So sind wir, die Kleinbauern ... Lassen wir's zu! Wir Esel brauchen wirklich beides: dass Jesus sich um unsere müden Füße kümmert – und manchmal auch um unsere Dickschädel ...

Und dann, am Schluss der Fußwaschungserzählung, dann kommt's, was er uns vererben möchte:

Als er ihnen die Füße gewaschen, sein Gewand wieder angelegt und Platz genommen hatte, sagte er zu ihnen: Begreift ihr, was ich an euch getan habe? Ihr sagt zu mir Meister und Herr, und ihr nennt mich mit Recht so; denn ich bin es. Wenn nun ich, der Herr und Meister, euch die Füße gewaschen habe, dann müsst auch ihr einander die Füße waschen. Ich habe euch ein Beispiel gegeben, damit auch ihr so handelt, wie ich an euch gehandelt habe.

Es gab mal eine Zeit – im dreizehnten, vierzehnten Jahrhundert soll es gewesen sein –, da hielten manche Theologen die Fußwaschung für ein Sakrament. Damals begann man, die Fußwaschung feierlich als liturgischen Ritus zu begehen, wie da und dort noch heute, eben mit einparfümierten Füßen und so. Der Gedanke war auch gar nicht schlecht. Denn ein Sakrament ist ja »ein heiliges Zeichen der Liebe Gottes, eingesetzt durch Jesus Christus«, sagt der katholische Katechismus, und das trifft auf die Fußwaschung voll und ganz zu. Nur: Was Jesus damals getan hat, das war kein Ritus! Das war echt! Das war etwas, das mitten im Leben stattfand – im wirklichen Leben!

Deshalb ist es schon richtig, dass Kleinbauern immer ein mulmiges Gefühl haben, wenn es heißt: »Am Gründonnerstagabend ist Fußwaschung in der Kirche.« Denn dieses Sakrament, das weiß ein Kleinbauer, findet als echtes »heiliges Zeichen« nur draußen statt, vor der Kirchentür! Überall dort, wo Menschen sich liebevoll um andere Menschen kümmern: in den Häusern, auf den Feldern, in den Dörfern und in den Städten ..., überall dort, wo Menschen wissen: »Wir sind drei.«

Und merkwürdigerweise wissen das nicht nur Christen. Und Christen nicht immer. Jedenfalls waschen nicht nur wir einander die Füße –

das machen andere Leute auch!

Sogar vergeben und verzeihen – sogar das bringen auch andere Leute fertig! Sogar bereuen und sich ändern, sogar, wenn's geht, sich wieder versöhnen, sogar Achtung haben voreinander und sich nicht über andere erheben, ja sogar einander vorleistungsfrei lieben – all das machen auch Leute, die nicht in die Kirche gehen. Und das ist wirklich merkwürdig!

Ist die Reich-Gottes-Gemeinschaft – die qahal, die in der 153 steckt – vielleicht tatsächlich größer als die Kirche? Große Gottesmänner wie Jeremia, Jesaja oder Sacharja hatten's geahnt! Und Kleinbauern ja immer schon ...

Matthäus erzählt ganz am Schluss seines Evangeliums eine Geschichte, die in dieser Hinsicht jedenfalls nachdenklich machen kann. Es ist die Stelle, von der schon die Rede war, als es um die Taufe ging, die Taufe auf den Namen der göttlichen Drei. Der auferstandene Jesus, schreibt Matthäus da, sei auf seine Jünger zugekommen und habe zu ihnen gesagt: *Mir ist* – –

Nein, stopp! Was Matthäus an dieser Stelle schreibt, das übersetze ich lieber selbst, direkt aus dem griechischen Urtext. Denn ob LUTHERBIBEL, ZÜRCHER BIBEL oder EINHEITSÜBERSETZUNG: Die letzten Worte des Matthäusevangeliums haben die Übersetzer aller drei Bibelausgaben ziemlich ungenau wiedergegeben – wahrscheinlich, weil sie noch bis in die späte Nacht hinein am Schreibtisch gesessen hatten und nicht nur ihre Füße, sondern auch ihre Köpfe schon recht müde gewesen waren. Ich hab mir natürlich ein bisschen helfen lassen beim Übersetzen, von Professor Hubert Frankemölle aus Paderborn, der neulich erst ein sehr interessantes Buch über das Matthäusevangelium geschrieben hat, mit ziemlich wachem Kopf.

Was also der auferstandene Jesus wirklich zu uns Jüngern gesagt hat, das hat Matthäus so überliefert:

Mir ist (von meinem Abba) *alle Vollmacht gegeben worden im Himmel und auf Erden. Darum geht und macht alle Völker zu Jüngern; tauft sie auf den Namen des Vaters und des Sohnes und des Heiligen Geistes und lehrt sie alles halten, was ich euch aufgetragen habe …*

Und dann kommt der Schlusssatz, mit dem ich auch dieses dritte Jesus-für-Kleinbauern-Buch beschließen möchte. Darin spricht Jesus nicht von *der Welt Ende* oder vom *Ende der Welt,* wie es in den drei Bibelausgaben heißt, sondern, wie der Professor aus Paderborn ganz RIENECKER-getreu übersetzt, von der *Vollendung der Weltzeit* – also vom *Ziel der Zeit.* Jesus sagt uns Lehrlingen:

Und seht: Ich, ich bin bei euch, alle Tage, bis ans Ziel der Zeit!

Vor zweitausend Jahren hat Jesus das gesagt. Vor zweitausend Jahren! Und noch immer nicht haben wir sie gelehrt und getauft, die Menschen alle in den vielen Völkern ...

Aber Füßewaschen – und sich ändern, einander vergeben, Achtung haben voreinander ... –, das tun sie. Alle! (Wie gesagt, manche auch nicht.) Wie soll man sich das erklären!? Ob das daran liegt, dass es viel mehr Kleinbauern auf Erden gibt, als wir denken? Also auch solche Kleinbauern, die wir noch nicht gelehrt und getauft haben? Ich glaube, es ist so:

Durch die Taufe wird man Christ – man/frau/kind, meine ich –, und wenn das Taufwasser bis ins Herz dringt, auch Kleinbauer. Das ist klar. Aber der auferstandene Jesus ist bei allen Menschen und in allen Völkern. In der Gemeinschaft der göttlichen Drei schaut er auf uns alle drei, voller vorleistungsfreier Liebe. Auch auf den religionslosen Jürgen neben mir und auf die muslimische Ayla. Zu uns dreien – nicht nur zu mir – sagt er: *Ich, ich bin bei euch, alle Tage, bis ans Ziel der Zeit!*

Und das macht was mit uns, in den Herzen. Auch da, wo kein Taufwasser über die Köpfe fließt. Denn Jesus hat ja ganz ausdrücklich gesagt (im 12. Kapitel des Johannesevangeliums steht es): *Wenn ich über die Erde erhöht bin, werde ich alle* (!) *zu mir ziehen* – und das heißt doch: Dann macht er *alle* zu Kleinbauern. Alle. Er selbst, vom Himmel her, mit seinem Abba zusammen und mit seinem Heiligen Geist. Alle. Jedenfalls alle, die es werden wollen.

Und manche von uns allen, vielleicht ein paar nur in jedem Volk – drei Esel genügen ihm schon – braucht er, dass sie ihm dabei helfen.

Weil er selbst ein Kleinbauer war. Und weil er immer Kleinbauer bleiben wird.

Nachweis der Zitate und Verweise

S. 23 Sprachlicher Schlüssel zum Griechischen Neuen Testament, nach der Ausgabe von *D. Eberhard Nestle*, bearb. v. *Fritz Rienecker*, 12. Aufl. Gießen 1966.

S. 24 Ebd., S. 250.

S. 25 *Rudolf Schnackenburg*, Das Johannesevangelium. Dritter Teil (Herders Theologischer Kommentar zum Neuen Testament, Bd. IV/3), Freiburg im Breisgau 1975, S. 430.

S. 42 *Jürgen Werlitz*, Warum gerade 153 Fische? Überlegungen zu Joh 21,11, in: Johannes aenigmaticus. Studien zum Johannesevangelium (Festschrift für H. Leroy), hg. v. *Stefan Schreiber* u. *Alois Stimpfle*, Regensburg 2000, S. 121–137.

S. 60 *Klaus Kliesch*, Spuren des Geistes, in: Bibel und Leben 28 (1989), S. 317–322.

S. 67 *Felix Wilfried*, Die Konturen von kontextuellen Theologien der Dritten Welt, in: Jahrbuch für Kontextuelle Theologien 4 (1996), S. 157–173, S. 157.

S. 89 *Edith Stein*, Endliches und ewiges Sein. Versuch eines Aufstiegs zum Sinn des Seins (ESGA Bd. 11/12), Freiburg-Basel-Wien 2006, S. 35.

S. 93 *Teresa von Ávila*, Das Buch meines Lebens. Vollständige Neuübertragung (Ges. Werke, Bd. 1), hg., übers. u. eingel. v. *Ulrich Dobhan OCD* u. *Elisabeth Peeters OCD*, Freiburg-Basel-Wien 2001, S. 156f. (Kap. 8,5).

S. 95 *Teresa von Ávila*, Weg der Vollkommenheit. Vollständige Neuübertragung (Ges. Werke, Bd. 2), hg., übers. u. eingel. v. *Ulrich Dobhan OCD* u. *Elisabeth Peeters OCD*, Freiburg-Basel-Wien 2002, S. 76 (Kap. 1,5).

S. 104 *Elisabeth von Dijon*, Der Himmel ist in mir (Ges. Werke, Bd. 1), Wien 1994, S. 175ff.

S. 108 *Leo Tolstoi*, Die drei Einsiedler, in: ders., Wieviel Erde braucht der Mensch? Volkserzählungen, Legenden und Gleichnisse, Berlin 1980, S. 170–177.

S. 109 *Elisabeth von Dijon*, Der Himmel ist in mir (siehe oben), S. 252.

S. 114 *Teresa von Ávila*, Weg der Vollkommenheit (siehe oben), S. 290 (Kap. 64,1).

S. 121f *Hubert Frankemölle*, Das Matthäusevangelium. Neu übersetzt u. kommentiert, Stuttgart 2010, S. 249–252.

Inhalt

Die zwei ersten Bände »Kleinbauern«-Trilogie

Jesus, davon ist Pater Reinhard Körner überzeugt, spricht den »Kleinbauern« in uns allen an: den Menschen, der erdverbunden, geradeheraus und authentisch leben möchte, mit Herz und Verstand in der Tiefe verwurzelt und ausgestreckt in die Höhe und Weite des Himmels. Die Zeit ist reif, Jesus, dem wunderbarsten Kleinbauern der Welt, noch einmal mit den Ohren der Leute aus Galiläa zuzuhören. Gerade sie, die einfachen Leute vom Lande, haben ihn verstanden, seinen tiefen Ernst, sein Augenzwinkern und sein herzliches Lachen.

Pater Reinhard Körner stellt sich unter die einfachen Leute am See Gennesaret und lauscht wie sie den Gleichnissen Jesu. Er lässt sich wie sie beeindrucken von der Lebensnähe sowie vom Humor des Rabbi aus Nazaret und sich begeistern von der Idee des Reiches Gottes. Und er merkt plötzlich, dass dessen Frohbotschaft in den zurückliegenden Jahrhunderten verfälscht und häufig zu einer Drohbotschaft wurde. Schuld daran sind, so Reinhard Körner, vor allem Städter, die von der Lebensweise auf dem Lande keinen blassen Schimmer haben. Es wird also höchste Zeit, selbst zum Kleinbauern zu werden ...

Reinhard Körner
Jesus für Kleinbauern
und solche, die es werden wollen
123 Seiten, Taschenbuch
ISBN 978-3-89680-368-9

Reinhard Körner
Jesus braucht Kleinbauern
und solche, die es werden wollen
121 Seiten, Taschenbuch
ISBN 978-3-89680-415-0